Manfred Hauser

Befreit golfen

Mit der GOA-Methode zum Erfolg

Manfred Hauser

Befreit golfen

Mit der GOA-Methode zum Erfolg

VAK
VAK Verlags GmbH
Kirchzarten bei Freiburg

Die Deutsche Bibliothek – CIP-Einheitsaufnahme
Hauser, Manfred:
Befreit golfen : mit der GOA-Methode zum Erfolg / Manfred Hauser. –
Kirchzarten bei Freiburg : VAK-Verl.-GmbH, 2002
ISBN 3-935767-09-9

Umschlag: Hugo Waschkowski, Freiburg
Cartoons: Ulrike Bause, Freiburg
Fotos: Manfred Hauser, Kleve
Gesamtherstellung: Kösel, Kempten
Printed in Germany
ISBN 3-935767-09-9

Inhalt

Einleitung

Auf dem Golfplatz ist, wie nirgendwo sonst,
die Tyrannei der Kausalität aufgehoben,
und das Leben gleicht einem Traum.
John Updike, *Golfträume*

In den vergangenen Jahren sind bereits mehrere Bücher erschienen, die sich mit den mentalen Aspekten des Golfspiels auseinander setzen. Die jeweiligen Autoren gehen davon aus, dass in vielen Spielsituationen Ängste herrschen, die zu mentalen Blockaden und damit zu Misserfolgen führen. Auch ich bin sicher, dass die Angst zu versagen und den Ball nicht korrekt zu treffen das Kernproblem des mentalen Golfens darstellt. Weiterhin glaube ich, dass Angst und Furcht das Hintergrundgefühl des Spiels ist.

Als Ursache für die Ängste führen die Autoren negative Gedanken an, die sich meistens unaufgefordert ins Bewusstsein schleichen. Zur Abhilfe wird dann empfohlen, man müsse lernen, sein Denken zu überwachen und zu steuern. Hierzu werden verschiedene Methoden angeboten, die letztlich alle zum Ziel haben, negative Gedanken zu vermeiden und nur positive oder ablenkende Gedanken zuzulassen.

Bis vor einigen Jahren habe auch ich diese Auffassung vertreten und die Ursache für mentale Probleme im Sport, aber auch im Berufs- oder Alltagsleben, in der Art und Weise des Denkens gesucht. Bei meinen Coachings und Seminaren bin ich deshalb thematisch immer von der Frage ausgegangen: „Wie muss ich denken, damit es mir gut geht?“, um dann Wege zum effektiven Denken aufzuzeigen. Die Begrenztheit dieser Sichtweise wurde mir aber im Laufe der Jahre immer deutlicher bewusst. Sowohl bei meinen Seminarteilnehmern als auch bei mir selbst waren zwar Erfolge zu verzeichnen, aber die jeweiligen Probleme ließen sich öfter nur zum Teil lösen und erzielte Verbesserungen waren nicht immer von Dauer.

Zeitgleich dazu war das naturwissenschaftliche und medizinische Weltbild dabei, sich zu revolutionieren. Das bisher gültige Dogma des Philosophen René Descartes, der mit seinem berühmten Ausspruch „Ich denke, also bin ich" die Trennung von Körper und Geist postulierte, galt dann auch bald als überholt. Körper und Geist werden inzwischen als Einheit aufgefasst und der angebliche Gegensatz zwischen Emotionen und Vernunft wird nicht mehr akzeptiert.

Die Emotionen werden nicht länger als Unterfunktion des Denkens betrachtet, sondern sind ein gleichwertiger, integrierter Bestandteil von Denk- und Entscheidungsprozessen. Es gilt ferner als akzeptiert, dass sich die Emotionen teilweise schon vor dem Denkvorgang ausbilden und somit die Qualität der Gedanken bestimmen.

Bei jedem unserer Gedanken und Gefühle werden Hormone freigesetzt, die eine Botschaft an den Körper und an das Immunsystem senden. Neuerdings sprechen Wissenschaftler schon von einem „zweiten Gehirn", dem „Bauchgehirn", das autonom arbeiten und mehr Signale zum Kopfhirn senden soll, als es von dort empfängt.

Die Erkenntnisse darüber, dass Körper und Geist eine untrennbare Einheit darstellen und über ein molekulares Netzwerk miteinander verbunden sind, lenkte meine Aufmerksamkeit immer stärker auf die herausragende Rolle der Emotionen. Ich erkannte dabei immer deutlicher, dass das Gefühl der *Angst* im Mittelpunkt aller mentalen Probleme der Golfer steht.

Besonders durch die Forschungsergebnisse von Joseph E. LeDoux (*Das Netz der Gefühle*) wurde mir klar, dass die Funktion der Emotionen und besonders auch ihre Relation zum Denken anders zu sehen ist, als bisher angenommen wurde, und dass sich hieraus ein neuer, viel versprechender Ansatz für die Lösung mentaler Probleme anbietet.

Zwei Aspekte aus den Arbeiten von LeDoux hatten für meine Überlegungen eine besondere Bedeutung:

1. Emotionen wie Furcht und Angst sind untrennbar mit einer Körperreaktion verbunden, zum Beispiel mit Muskelverspannungen oder einem Muskelkrampf (Yips).
2. Ein Reiz kann über *drei* verschiedene Wege zur Ausbildung von Emotionen führen:
   a) Die *unbewusste* schnelle und direkte Bahnung über das limbische System, ohne dass dieser Reiz vorher bewusst kognitiv registriert und verarbeitet wurde.
   b) Löst ein Reiz zum wiederholten Male eine Furchtreaktion mit Körperbeteiligung (zum Beispiel eine Muskelverspannung) aus, kann es zu einer Furchtkonditionierung kommen. Diese Konditionierung bewirkt, dass dieser Reiz (etwa ein Golfball vor einem Wasserhindernis) ab jetzt *unbewusst*, also unter Umgehung des Bewusstseins, direkt zu einer Körperreaktion führt.
   c) Ein Reiz wird *bewusst* wahrgenommen und löst bei entsprechender Bedeutung eine emotionale Reaktion mit Körperbeteiligung aus.

Diese Erkenntnisse besagen also, dass von den drei möglichen Wegen zur Ausbildung einer Emotion *nur einer*, nämlich Weg C, über das Bewusstsein läuft.

Das bedeutet, dass von den oben erwähnten Empfehlungen, wie durch „effektives Denken“ mentale Golfprobleme zu vermeiden seien, zwei von den drei möglichen Wegen zur Ausprägung einer Furchtreaktion nicht erfasst werden.

Hierdurch erklären sich meiner Meinung nach die unbefriedigenden Ergebnisse der Methoden, die die Vermeidung negativer Gedanken zum Inhalt haben. Eine Körperreaktion wie die für den Golfer so problematische Muskelverspannung wird demnach nicht durch das Denken an sich bewirkt, sondern tritt nur dann auf, wenn das Denken auch gleichzeitig eine Emotion hervorruft. Andererseits entstehen die Emotionen in vielen Situationen schon vor dem Denkbewusstsein, ohne dass man sich ihres Auslösers bewusst sein muss. Aus dieser Erkenntnis heraus habe ich mich immer intensiver mit der Frage beschäftigt, wie man die Angst beim Golfen vermeiden kann.

Hierbei stieß ich auf die wohl jedem bekannte Beobachtung, dass eine momentane, starke Erregung über eine Situation oder über Menschen mit der Zeit an Intensität verliert. Für den Fall, dass man bei derartigen Begebenheiten aus der ersten Wut oder aus Ärger, Zorn, Angst, Enttäuschungen usw. spontan unüberlegte Handlungen unternehmen möchte, hält der Volksmund die so wirksame Empfehlung bereit: „Schlaf doch erst mal darüber“.

In der Tat hat sich oft schon am nächsten Tag nach einer durchschlafenen Nacht die Erregung stark abgekühlt und man kann dann in Ruhe und mit kühlem Kopf überlegen, welche Reaktion sinnvoll und angebracht ist. Oft kann man einige Tage später gar nicht mehr verstehen, warum man sich so aufgeregt hat.

Um herauszufinden, wie der Schlaf sich derart dämpfend auf die Emotionen auswirkt, habe ich mich dann intensiv mit den Ergebnissen der Schlafforschung und mit den Aussagen der Neurowissenschaft über die Gedächtnisbildung beschäftigt und hier auch die Antworten auf meine Fragen gefunden. Die so gewonnenen Erkenntnisse habe ich dann mit meinen Erfahrungen mit mentalem Training und Neurolinguistischem Programmieren (NLP) sowie mit meinen Kenntnissen der EMDR-Therapie (*Eye Movement Desensitization And Reprocessing*) und Psychokinesiologie verbunden. Daraus habe ich die GOA-Methode (*G*olfen *o*hne *A*ngst) entwickelt.

Hierbei habe ich die hoch interessante Entdeckung gemacht, dass Golfer öfter auf *unbewusster* Ebene von einer *mentalen Selbstblockade* heimgesucht werden. Diese Leistungsblockade bewirkt, dass die Betroffenen trotz guter Vorsätze ihr Leistungspotential nicht voll ausschöpfen können. So spielen sie in Turnieren unter ihrem Niveau, schaffen es nicht, bestimmte Handicap-Grenzen zu unterschreiten oder Turniere zu gewinnen. Auch mentale Trainingsmethoden bleiben dann erfolglos, weil diese Selbstsabotage eine gezielte Verbesserung unterbindet. Für die Effektivität der GOA-Methode war es deshalb besonders wichtig, den Aspekt der Selbstblockade aufzugreifen und gezielte Hilfsmöglichkeiten dafür anzubieten.

Mit der GOA-Methode können Sie folgende Erkenntnisse und Ergebnisse erzielen:

1. Es wird deutlich, welche Situation des Golfspiels bei Ihnen zu bewussten und unbewussten emotionalen Reaktionen und den dazu gehörenden körperlichen Komplikationen (von Muskelverspannung bis Yips) führen.
2. Erkannte Furchtkonditionierungen können gelöscht werden. Dadurch verlieren sie ihren schädlichen und unbewussten Einfluss auf Ihre Leistungsfähigkeit.
3. Negative emotionale Erlebnisse wie zum Beispiel Schläge ins Wasser oder Ärger mit Flight-Mitgliedern können sofort auf dem Platz getilgt werden, sodass sie keine Auswirkungen auf den weiteren Spielverlauf nehmen.
4. Durch eine mental-emotionale Vorbereitung zuhause können Sie sich von der Angst vor Problempunkten auf dem Golfplatz, an denen Sie immer wieder einbrechen, befreien. Dies gilt auch für emotionale Belastungen wie die Angst vor dem ersten Abschlag, den Erwartungsdruck durch Zuschauer und Medien, Versagensängste vor bestimmten Schlägen usw.
5. Auf diese Weise lässt sich auch ein anstehendes Turnier vorher emotional clearen.
6. Angst und Zweifel beim Putten verlieren durch entsprechende mental-emotionale Desensibilisierung ihren negativen Einfluss

auf die Puttqualität. Auch eine Yips-Anfälligkeit lässt sich schnell und wirksam beseitigen.

7. Negative Glaubenssätze und Überzeugungen, die Sie über sich als Golfer haben, lassen sich erkennen und in positive, leistungsfördernde Glaubenssätze umwandeln. Diese Veränderung Ihrer Überzeugung und innerer Einstellung wird Ihre Leistungsfähigkeit in sehr starkem Maße fördern.
8. Für alle geschilderten Aspekte kann ausgetestet werden, ob neben der emotionalen Belastung auch eine unbewusste *Selbstblockade* vorliegt. Ist dies der Fall, so kann sie mit geeigneten Mitteln aufgelöst werden. Allein dieser Schritt wird für viele Golfer einen *Quantensprung* für die Verbesserung ihrer mentalen Fitness und für das Erreichen einer höheren Spielstärke bedeuten.

Die GOA-Methode ist leicht zu erlernen, einfach in der Anwendung und dabei hoch effizient in ihrer Wirkung. Sie hebt sich von allen bisherigen Empfehlungen zur Verbesserung der mentalen Leistungsfähigkeit beim Golfspielen auch dadurch ab, dass sie oft schon in kürzester Zeit zum deutlich spürbaren Erfolg führt. Diese schnelle Wirksamkeit macht es möglich, dass man auch auf dem Golfplatz auftauchende Zweifel, Angst oder Ärger sofort löschen kann.

Alle emotional-mentalen Probleme des Golfens sind Folgen der evolutionären Programme des emotionalen Hirns, Gefahren aufzuspüren, um dann schützende *körperliche Reaktionen auszulösen.* Ein emotionales Erlebnis ist somit untrennbar mit einer begleitenden Körperreaktion verbunden. Diese emotionale Reaktion läuft automatisch und unbewusst ab und bestimmt die nachfolgenden bewussten Erlebnisse. „Wir *reagieren* bei Gefahr, statt darüber nachzudenken", beschreibt LeDoux diesen Automatismus und fügt hinzu, dass das Erstarren ein Geschenk der Evolution sei (LeDoux, S. 266).

Dieses Erstarren und besonders seine abgeschwächten Variationen wie Muskelzucken (Yips) und Muskelverkrampfungen sind die körperlichen Reaktionen des Golfers auf die „Gefahren“ während des Spiels. Das über die Furcht und Angst geführte menschliche Abwehrverhalten hat eine lange evolutionäre Vorgeschichte. Sie war und ist für das Überleben der Menschheit ein unverzichtbarer Vorgang. Da es beim Golfspiel jedoch nicht ums Überleben geht, wäre es vorteilhaft, wenn wir beim Anblick von „Gefahren“ wie zum Beispiel einem Grün-Bunker nicht automatisch mit einer schädlichen Körperverspannung reagierten, sondern ruhig und gelassen überlegen, welche Reaktion angezeigt ist.

LeDoux beschreibt dieses Fehlverhalten so: „Was das Erkennen einer Gefahr und die Reaktion darauf betrifft, hat sich das Gehirn einfach nicht sehr verändert. In mancher Beziehung sind wir emotionale Eidechsen“ (LeDoux, S. 187). Er äußerte aber auch die Hoffnung, dass irgendwann in Zukunft das Denken immer mehr Kontrolle über die Emotion gewinnt und dass die Menschen künftig eher imstande sein werden, ihre Emotionen zu beherrschen. Ich bin zuversichtlich, dass wir diesem Ziel auf dem Golfplatz mit Hilfe der hier vorgestellten GOA-Methode ein gutes Stück näherkommen.

Aufbau und thematische Schwerpunkte des Buches

In *Kapitel 1* gehe ich zuerst auf die aktuelle Diskussion über die herausragende Bedeutung der mentalen Komponente beim Golfspiel ein. Dann beschreibe ich, warum ich mich bei der Suche nach Behebung der mentalen Probleme weniger mit der Art und Weise des Denkens, sondern stattdessen mit der Rolle der Emotionen beschäftigt habe.

Hierbei erläutere ich den direkten Zusammenhang zwischen negativen Emotionen und den fürs Golfen so fatalen Muskelverspannungen. Dann erfahren Sie, wie und wo ich auf der Suche nach Wegen, die Ausprägung negativer Emotionen während des Golfens zu vermeiden, fündig wurde und wie ich daraus die GOA-Methode entwickelt habe. Zum Abschluss des Kapitels finden Sie eine Übersicht der einzelnen Schritte der GOA-Methode.

In *Kapitel 2* beschreibe ich das Emotionssystem des Gehirns, das nach heutigen Erkenntnissen der Forschung das eigentliche Machtzentrum des Gehirns darstellt. Alles, was den Golfer an mentalen Problemen umtreibt, nimmt hier – und speziell in der Amygdala – seinen Anfang. Sie werden erfahren von der engen, untrennbaren Verknüpfung von Emotion und Körperreaktion, aber auch davon, wie Emotionen unabhängig von unserem Denken entstehen und welche Problematik sich hieraus für den Golfschwung ergibt.

Kapitel 3 befasst sich mit der Frage, welches der effektivste Weg ist, mit Gefühlen umzugehen. Einige Golfprofis führen uns emotional kontrolliertes Verhalten mit weitgehender Unterdrückung negativer Gefühle meisterhaft vor. Ist ein derartiger repressiver Verarbeitungsstil von Emotionen nachahmenswert oder fahren Sie mit der GOA-Methode besser, die eine offene Auseinandersetzung mit den eigenen Gefühlen beinhaltet? Als Basis für diesen Vergleich werden unter anderem Ergebnisse aus mehreren Studien herangezogen.

Kapitel 4 beschäftigt sich mit der Frage, welche Abläufe im Gehirn dafür verantwortlich sind, dass starke negative Emotionen nach einigen Tagen ihre Intensität verlieren. Eine besondere Bedeutung kommt hier dem Schlaf zu, speziell der REM-Phase. Wichtig sind hierzu die Erkenntnisse der Neurowissenschaft über die Verarbeitung emotionaler Erlebnisse, auf die ich dann auch näher eingehe.

Für mich war es wichtig, diese Abläufe zu schildern, weil daraus eine wissenschaftliche Erklärung für die teilweise sehr einfachen Übungen der GOA-Methode abzuleiten ist. Auch hoffe ich, hiermit einen Beitrag über die Wirkungsweise der schnellen Augenbewegungen zu liefern.

Im Anschluss daran erörtere ich in einem kleinen Exkurs das häufig zu beobachtende Phänomen der inneren Abwehr gegenüber schnell und hoch wirksamen Therapie- und Selbsthilfemethoden. Ein derartiges Abwehrverhalten ist auch unter dem Begriff *Apex-Problem* bekannt. Es kann verhindern, dass Sie sich mit der schnell wirksamen, aber einfach zu handhabenden GOA-Methode beschäftigen. Wie Sie dieses Problem angehen können, wird in diesem Exkurs ebenfalls beschrieben.

Die *Kapitel 2 bis 4* enthalten viele wissenschaftliche Fakten und Hintergründe. Wer sich mit diesen theoretischen Informationen nicht beschäftigen möchte, kann sich gleich dem praktischen Teil zuwenden, der mit *Kapitel 5* beginnt. Den Mutigen unter Ihnen, die sich durch den theoretischen Teil durcharbeiten wollen, verspreche ich als Belohnung großen Erkenntnisgewinn.

Die vier Säulen der GOA-Methode werden in *Kapitel 5* in allen Details Schritt für Schritt vorgestellt. Besonders gehe ich hier auf die psychische Umkehrung (Eigenblockade) und auf die enorme Bedeutung der Glaubenssätze im Allgemeinen und speziell beim Golfen ein. Ich beschreibe, wie Glaubenssätze entstehen, welchen Einfluss sie bei der Wahrnehmung und auf die Deutung von Situationen ausüben und wie sie sich auf unser Erleben und Verhalten auswirken. Negative Glaubenssätze limitieren in starkem Maße unsere golferischen Fähigkeiten. Ich stelle Ihnen deshalb hier Methoden vor, wie Sie diese einschränkenden, oft unbewussten Glaubenssätze erkennen und durch positive Glaubenssätze ersetzen können. Durch diese Arbeit mit Glaubenssätzen erreichen Sie für Ihr Spiel oft mehr als durch intensives Training auf der Driving-Range, man könnte auch sagen, erst dann trägt das Training Ihrer technischen Fertigkeiten richtig Früchte. Dies gilt natürlich in noch stärkerem Maße für den Einsatz der GOA-Methode im Ganzen.

In *Kapitel 6* wird dann beschrieben, wann und wo die GOA-Methode eingesetzt werden kann, nämlich bei der häuslichen mentalen Vorbereitung eines Golfturniers, bei der mentalen und emotionalen Entstressung während des Turniers und bei der mentalen Nachbearbeitung.

Entsprechend seiner Bedeutung habe ich dem Putten ein eigenes Kapitel gewidmet. So erläutere ich in *Kapitel 7*, wie negativ sich eine mental-emotionale Belastung auf die Qualität des Puttens auswirkt und wie dies mit Hilfe der GOA-Methode aufgefangen werden kann. Außerdem schildere ich anhand eines Praxisbeispiels, wie es zur Ausbildung eines Yips kommen kann und wie dieser Yips unter Anwendung der GOA-Methode schnell und effektiv behoben wurde. Im Zusammenhang mit diesem Bericht stelle ich ein innovatives Erklärungsmodell für die Yips-Problematik vor und zeige zugleich einen effektiven Weg auf, wie man sich von Yips und der Angst davor befreien kann.

Die in diesem Buch beschriebene Methode ist für den Golfsport geradezu revolutionär. Ich hoffe sehr, dass Sie sich von dem oben erwähnten Apex-Problem nicht davon abhalten lassen, die vorgestellten Übungen auszuprobieren, auch wenn sie ungewöhnlich sind. Nur so können Sie sich schließlich von deren Effektivität selbst ein Bild machen.

Liebe Leserinnen und Leser, ich wünsche sehr, dass es Ihnen mit der GOA-Methode gelingt, Ihr Spiel entscheidend zu verbessern. Viel Freude und Erfolg dabei!

Manfred Hauser Kleve, im März 2002

Kapitel 1
Vom Denken zum Fühlen

Wechsel der Perspektive

Seit vielen Jahren schon habe ich mich mit großer Faszination mit den Aspekten der mentalen Fitness beschäftigt. Dabei habe ich gelernt, welch starken Einfluss mentale Fähigkeiten unter anderem auf den Erfolg im Tennis, im Verkauf, aber auch in den sozialen Beziehungen ausüben. Im weiteren Sinne entscheidet die mentale Innenausstattung eines Menschen nicht zuletzt darüber, ob sein Leben gelingt. Als ich begann, Golf zu spielen, bemerkte ich sehr bald, dass der mentale Aspekt auch hier eine herausragende Rolle spielt. Selbst erfahrene Golfer berichteten mir immer wieder von starken unerklärlichen Formschwankungen, die sich nicht durch Fehler in der Schlagtechnik erklären ließen. Oft hörte ich auch die Bemerkung „Golf erzieht zur Demut", die genau auf diese frustrierenden Erfahrungen abzielt. Es stellte sich mir dann bald die Frage, ob sich meine mentalen Kenntnisse auch beim Golfen erfolgreich einsetzen lassen. Daher habe ich mich dann als Erstes mit der verfügbaren Literatur zum Thema Mental-Golf auseinandergesetzt.

Bezeichnend war dabei für mich die Aussage von Tom Kite, der wie viele andere Tour-Spieler die Ansicht vertritt, Golfspielen sei zu 80 bis 90 Prozent eine mentale Angelegenheit. Auf der Profi-Tour entscheidet der mentale Aspekt ihm zufolge sogar zu 90 Prozent über Sieg oder Niederlage (in: Rotella, S. 8).

Was bietet nun die bislang erhältliche Literatur zur Verbesserung der mentalen Fitness an? Im Großen und Ganzen sind es Ansätze, die mir schon vom Tennis her geläufig waren.

Das Golfen und das Denken

Immer wieder wird beschrieben, welche fatalen Folgen negative Gedanken vor dem Schlag oder während des Schlages auf das Ergebnis nehmen. Konsequenterweise wird den Golfern dann geraten, sie sollten ihre Gedanken nicht auf die Einzelheiten des Schlagablaufes oder auf einen etwaigen Misserfolg richten, sondern versuchen, ihre Gedanken durch ablenkende Wahrnehmungsübungen unter Kontrolle zu bringen. Die meisten mentalen Probleme des Golfers wären demnach gelöst, wenn es ihm gelänge, in der gedanklichen Gegenwart, also im Hier und Jetzt, zu spielen. Wie aber aus der Arbeit des Hirnforschers Ernst Pöppel bekannt ist, baut unser Gehirn alle drei Sekunden ein neues Bewusstsein auf, wodurch das Jetzt eines Menschen eine maximale Dauer von drei Sekunden währt. Im ständigen Wechsel wird unser Gehirn daher immer wieder von neuen Gedanken überflutet. Meistens sind es Gedanken über Vergangenes, Vorstellungen über die Zukunft, Urteile und Wertungen über alles und jedes, die unser Bewusstsein unkontrolliert ausfüllen und uns davon abhalten, den jeweiligen Augenblick wahrzunehmen. Das evolutionäre Überleben der Menschen war sicherlich vor allem dadurch möglich, dass die Menschen sich einerseits besonders an gefährliche Situationen erinnerten und diese ständig mit der jeweils aktuellen Lebenssituation abglichen, sich aber andererseits sorgenvoll um die Zukunft kümmerten, um die richtigen Entscheidungen zu treffen. Dieses evolutionär bedingte Denkmuster verlässt uns auch während des Golfspielens nicht. Allerdings geht es hier nun nicht mehr ums Überleben, sondern

„Hoffentlich bekommt der Ball keine nassen Füße“, mag man in dieser Spielsituation denken. Auch die Sorge, der Ball könnte im Bunker landen, beeinträchtigt oft genug den Schwungablauf.

„nur noch“ um die Befriedigung des Ego, in dem Sinne, dass sich unser Selbstwertgefühl aus der Länge des Abschlages, des Handicaps und des jeweiligen Score speist. Häufig denken wir deshalb während des Golfens an Schläge, die uns in der Vergangenheit missglückt sind, beschäftigen uns damit, was die Zuschauer und Flight-Mitglieder vielleicht über uns denken könnten und wir sorgen uns darum, in welche Schwierigkeiten wir geraten, wenn der gerade auszuführende Schlag misslingt. Durch diese negativen und pessimistischen Gedanken sind wir von Gefühlen der Angst, der Furcht, der Besorgnis oder des Zweifels erfüllt. Wie ich später ausführen werde, wirken sich diese unangenehmen Gefühle auf den Zustand unseres Körpers aus. Besonders die Veränderung der Muskelspannung beeinflusst den Bewegungsablauf der Schläge und führt zu einem Verlust an Präzision. Die gleiche Problematik findet sich bei schwierigen Ball-Lagen, bei Schlägen über Bunker und Wasser und beim Putten (Yips).

Auch unliebsame Flight-Mitglieder können negative Emotionen mit den oben beschriebenen Folgen hervorrufen. Dazu kann ich eine kleine Geschichte erzählen: Harro spielt seit Jahren einmal wöchentlich in einem Traditions-Vierer mit seinen Freunden Dieter, Hans und Ronny. Sein Vergnügen, diesem Kreis anzugehören, wurde mit der Zeit jedoch immer mehr durch Hans' unsportliches Verhalten getrübt. Hans ist im Privatleben fast ein Lebenskünstler, der meistens gelassen auf Schwierigkeiten und Herausforderungen des Alltags reagiert. Auf dem Golfplatz ist er aber fast nicht wiederzuerkennen und wirkt wie ausgewechselt.

Besonders störte sich Harro daran, wie Hans versuchte, seinen eigenen Score zu drücken. Bei fast jedem Loch kam es deshalb zu einer Diskussion über die von seinem Freund benötigte Anzahl von Schlägen. Wenn es eben möglich war, vermied Harro deshalb, der Zähler von Hans zu sein. Doch auch wenn dies gelang, ärgerte ihn schließlich die ständige Diskussion so sehr, dass sein Spiel dadurch massiv beeinträchtigt wurde. Da auch einige Aussprachen nur kurzfristige Erfolge zeigten, kam ihm manchmal schon der Gedanke, aus der Vierer-Runde auszusteigen.

Als Harro mich um Hilfe bat, überlegten wir gemeinsam, wie er die GOA-Methode anwenden kann. Als Erstes klopfte er dann gegen eine psychische Umkehrung den Satz „Ich akzeptiere mich voll und ganz, obwohl ich mich über die Zählweise von Hans sehr ärgere.“ Beim emotionalen Clearing durch die Augenbewegungen stellte er sich Hans in der üblichen Diskussion um seinen Punktvorteil vor und sprach dabei wiederholt den Satz „Ich befürchte, dass die schlimme Zählweise von Hans mich stresst.“ Da in der visualisierten Problemsituation der negative Kernglaubenssatz „Ich bin weniger wert als andere“ aktiviert wurde, klopfte sich Harro über einen Zeitraum von einem Monat den Satz „Ich bin genauso wertvoll wie andere Menschen.“

Bei den späteren Runden mit seinen Freunden konnte Harro dann mit Erleichterung den Erfolg der Bewältigungsarbeit registrieren. Auch in Turnieren ließ er sich durch unerfreuliches Verhalten anderer Spieler nicht mehr aus der Bahn werfen. (Das war ein kleiner Vorgriff auf die Anwendung der GOA-Methode. Genaue Ausführungen dazu finden Sie in den Kapiteln 5 und 6 und in der Schnellübersicht im Anhang.)

Das Beispiel zeigt, wie leicht Golfer mit negativen Gedanken in einen Teufelskreis geraten können, aus dem sie sich während des Turniers nicht mehr zu befreien vermögen. Wer von Ihnen schon einmal versucht hat, den Ratschlag aus der Mental-Literatur zu befolgen und die Aufmerksamkeit während des Schlages auf das Hier und Jetzt zu konzentrieren, wird sicherlich festgestellt haben, dass dieses Vorhaben umso schwerer durchzuhalten ist, je größer der äußere und innere Druck ist. Auch ist nicht zu übersehen, wie selbst Top-Spieler, die mit den Vorschlägen zur mentalen Fitness vermutlich bestens vertraut sind und die wohl auch danach trainieren, auf der Tour trotzdem immer wieder mentale Einbrüche erleben. Hierzu zähle ich Bernhard Langers Putt-Probleme und Jan Baker-Finchs Ausscheiden aus der Profi-Tour wegen seiner mentalen Probleme.

In einem Interview führte Ian Woosnam seine schon länger anhaltende Formkrise darauf zurück, dass ihn in den Turnieren nach jeweils gutem Beginn plötzlich Gedanken des Zweifels befallen und sein Spiel dann sofort an Qualität verliert (Golf-Magazin 9/1998). Eine Erklärung für diese Phänomene sehe ich darin, dass alle Ablenkungsversuche uns trotzdem nicht vor pessimistischen Gedanken schützen, die sich plötzlich und unaufgefordert in unser Bewusstsein schleichen. So wie es den praktizierenden Zen-Buddhisten nur nach langer Übung gelingt, in ständiger Achtsamkeit den Alltag zu genießen, wird es dem Golfer sehr schwer fallen, mit Hilfe der bisherigen Anleitung dauernd in konzentrierter Aufmerksamkeit zu spielen. Der Neurologe Antonio Damasio schreibt in seinem Buch *Descartes' Irrtum*, dass der niemals zum Stillstand kommende Schöpfungsprozess ständiges Denken und Entscheiden erfordere. Dadurch gibt es für uns die Gegenwart praktisch überhaupt nicht, denn wir sind zu sehr damit beschäftigt, die nahe und ferne Zukunft mit Hilfe der Erfahrungen der Vergangenheit zu planen (Damasio, S. 227).

Auch H.C. Traue berichtet in *Emotion und Gesundheit* über mehrere Studien zur Gedankenunterdrückung. Diese Untersuchungen belegen sehr eindrucksvoll, dass die üblichen spezifischen Kontrollstrategien wie zum Beispiel der innere Dialog gegen die Irrationalität des negativen Gedankens, die Ablenkung durch angenehme Gedanken oder sich an einen anderen Gedanken klammern, nicht besonders erfolgreich sind, sondern sogar das Gegenteil bewirken. Traue fasst die Untersuchungsergebnisse der Studien folgendermaßen zusammen: „Die Unterdrückung unerwünschter Gedanken stellt eine untaugliche Strategie dar, die in Wirklichkeit eher verstärkend wirkt. Je mehr man sich anstrengt, einen Gedanken nicht zu denken – egal, ob man sich selbst dabei ablenkt oder nicht –, nehmen genau diese Gedanken überhand“ (Traue, S. 206f.). Berühmt ist in diesem Zusammenhang die oft zitierte Studie von D. M. Wegner von der Trinity University in San Antonio, Texas, in der die Probanden versuchen sollten, *nicht* an einen weißen Bären zu denken. Hierbei kam es zu einem regelrechten Rebound-Effekt, denn die Gedanken an einen weißen Bären traten bei dem Unterdrückungsversuch besonders häufig auf.

Vielfach wird Golfern auch empfohlen, bei der Schlagvorbereitung zur Gedankenablenkung immer ein bestimmtes Ritual beizubehalten. Auch diese Vorgehensweise ist meiner Erfahrung nach nicht ausreichend. Sie kann nämlich nicht verhindern, dass sich beim Ansprechen des Balls und beim anschließenden Rückschwung Gedanken der Angst und des Zweifels unaufgefordert ins Bewusstsein schleichen. Auf die Problematik der Gedankenunterdrückung und der Emotionshemmung im Vergleich zu einer eleganten Emotionsverarbeitung werde ich später noch dezidiert eingehen.

Die hier geschilderten Erfahrungen und Überlegungen haben mich zu der Erkenntnis geführt, dass die bisherige Fokussierung auf den gedanklichen Aspekt des mentalen Golfens nur Teilerfolge bieten kann. Bei der Suche nach effektiveren und weiterführenden Ansatzpunkten beschäftigte ich mich dann intensiv mit der in der Emotionsforschung geläufigen Reiz-Reaktions-Kette (Abb. 1).

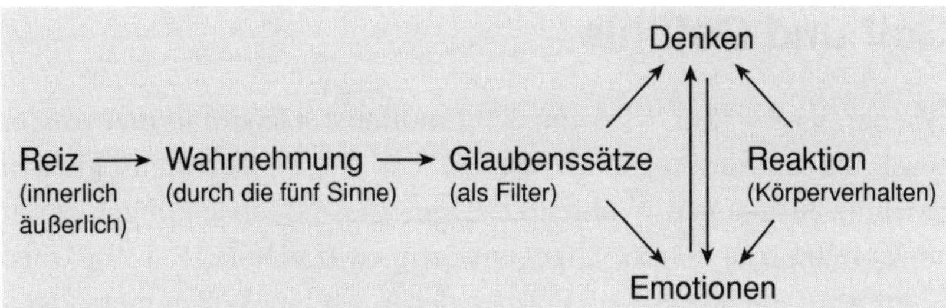

Abb. 1: Die Reiz-Reaktions-Kette

Den Glaubenssätzen kommt ebenso wie den Emotionen in der Reiz-Reaktions-Kette eine herausragende Stellung zu. Sie sind das Ergebnis unserer individuellen Lebenserfahrung und färben alle äußeren Eindrücke mit unseren persönlichen Deutungsweisen ein. Letztendlich sind die Glaubenssätze verantwortlich für die Qualität unserer Gedanken, Emotionen und Verhaltensweisen. Sie bestimmen dadurch die Qualität unseres Lebens und natürlich auch die unserer mental-emotionalen Golferlebnisse. Es ist also für Sie von großer Bedeutung, effektive positive Glaubenssätze über sich und Ihre golferischen Fähigkeiten zu besitzen. Die gute Nachricht in diesem Zusammenhang ist, dass Sie Ihre Glaubenssätze herausfinden und gegebenenfalls verändern können. Hierauf werde ich noch ausführlich eingehen (ab Seite 128).

Wenn eine gesteigerte mentale Fitness unangemessene Körperreaktionen wirklich verhindern kann, stellt sich die Frage, ob und wo genau im vorgelagerten System eine Größe entscheidend veränderbar ist. Nicht beeinflussbar sind Reiz- und Sinneswahrnehmungen, und nachdem auch das Denken als Ansatzpunkt wegfällt, bleiben noch die Emotionen und die Glaubenssätze übrig. Doch bevor ich auf die besondere Rolle der Glaubenssätze eingehe, werde ich zunächst darlegen, welchen Stellenwert den Emotionen im Bereich der mentalen Fitness zukommt.

Golf und Gefühle

Wie bereits erwähnt, wird von den Emotionsforschern immer wieder beschrieben, wie Angst und Furcht das Wesen der menschlichen Existenz ausmachen. Während LeDoux diese Beobachtungen damit umschreibt, dass Furcht allgegenwärtig ist (LeDoux, S. 139), weist Ciompi auf die unzähligen Formen der Angst hin. Wie er hierzu ausführt, wurde schon von Kierkegaard, Heidegger und auch Freud vermutet, alle unsere geistigen und intellektuellen Aktivitäten würden aus einer tief hinter dem Alltagsverhalten versteckten existentiellen Lebensangst erwachsen. Nach meiner Überzeugung ist auch das Golfspielen hiervon nicht verschont geblieben; es ist vielmehr ein von Furcht und Angst durchsetztes Spiel. Bei aller Freude und Faszination, die man beim Golfen empfindet, ist doch die Furcht das ständige Gefühl im Hintergrund. Ein Blick auf die folgende Liste lässt dies deutlich werden. Golfer befürchten unter anderem:

- den Ball zu toppen,
- zu fett zu treffen,
- einen Slice oder Hook zu schlagen,
- den Ball in den Bunker oder ins Wasser zu befördern,
- im Bunker zu versagen,
- unter den Blicken der Zuschauer einen jämmerlichen Abschlag zu fabrizieren,
- einen Ein-Meter-Putt am Loch vorbeizuschieben,
- den Cut zu verfehlen,
- einen schlechten Score zu spielen,
- ein bisher gutes Spiel nicht durchzuhalten,
- dass der erste Abschlag misslingt und davon dann negative Auswirkungen auf die ganze Runde ausgehen.

Die Anwesenheit der Furcht beim Golfen wird auch immer wieder von John Updike in seinem Buch *Golfträume* angesprochen. In einer Erzählung bezeichnet er hier beispielsweise die Angst als das mentale Grundproblem des Anfängers (Updike, S. 45). Ich würde diese Aussage gern auf alle Golfer erweitern: *Das mentale Grundproblem des Golfers ist seine Angst.* Meine These lautet also, dass es die negativen Gefühle sind, die aus mentaler Sicht das Golfen zu einem so schweren Spiel machen. Und wie man von den Emotionsforschern lernen kann, ist das Gefühl der Furcht und Angst tatsächlich *untrennbar mit einem Körperausdruck verbunden.*

Übrigens kann schon ein gewisses Maß an emotionaler Aufwühlung zu einer Verunsicherung führen, die sich beim Golfen dann genau wie Angst auf dem Platz auswirkt. In der Zeitschrift G.O.L.F. TIME (Ausgabe 5/2001) berichtete Alex Cejka über die dümmste Situation, die ihm in seinem Golfer-Leben passierte, Folgendes: Am Schlusstag der British Open 2001 führte er gemeinsam mit David Duval, Bernhard Langer und Ian Woosnam das Leaderboard an. Für diesen entscheidenden Tag war er einem Flight mit Ian Woosnam zugeteilt und beide erzielten auf der ersten Bahn auch gleich gute Ergebnisse. Auf dem Weg zum zweiten Abschlag kam es dann zum Eklat, denn Ian Woosnam wurde über eine Unaufmerksamkeit seines Caddies informiert. Statt die maximal erlaubten 14 Schläger im Bag zu transportieren, hatte der Caddie versehentlich einen zweiten Driver eingesteckt, wodurch sich die Zahl der Schläger auf insgesamt 15 erhöhte. Woosnam wurde für diesen Regelverstoß mit zwei Strafschlägen bedacht. Er warf daraufhin den überzähligen Schläger wütend von sich und war nicht mehr ansprechbar.

Dieses Missgeschick ließ aber auch Alex Cejka nicht unberührt. Nach seinen eigenen Aussagen trieb ihm das Malheur des Walisers sogar die Tränen in die Augen und er wurde, genau wie Woosnam, völlig aus der Bahn geworfen. Die nächsten Löcher spielten beide Top-Golfer dann so schlecht, dass die British Open für sie gelaufen waren.

Sehen Sie mir bitte nach, wenn ich mich jetzt zu einer Spekulation versteige. Hätten Woosnam und Cejka von der GOA-Methode gewusst und sie sofort situationsgerecht eingesetzt, hätten sie sich meiner Überzeugung nach schnell von ihrer großen emotionalen Betroffenheit erholen können. Sie wären dadurch in der Lage gewesen, das Turnier in der Top-Form der vorangegangenen Tage weiterzuspielen. Vielleicht hätten die British Open 2001 dann einen anderen Abschluss gefunden.

Gefühle und Körperreaktionen

Die aus der Furcht resultierenden Körperempfindungen, die dem Golfer am meisten zu schaffen machen, sind Muskelverspannungen und Muskelkrämpfe (Yips), im Ernstfall kann sogar Starre eintreten. Einer meiner Trainer hatte diesen Extremfall bei seinem ersten Turnier als Pro durchlitten. Er hatte vor lauter Nervosität die Nacht vor dem Turnier kaum geschlafen und als er dann am ersten Abschlag stand, überfiel ihn eine regelrechte Starre, die ihn unfähig machte, den Schläger hochzuheben. Er musste weggeführt werden und konnte das Turnier erst nach einiger Zeit beginnen. Jeder Golfer wird sicherlich mehr oder weniger häufig von leichten bis starken Muskelverspannungen geplagt und dadurch kommt es zwangsläufig zu Beeinflussungen des Schwungablaufes, der Präzision und der Spielqualität. Diese Körperreaktionen sind, wie oben dargestellt, die unabdingbare Folge vorher entstandener Emotionen.

Emotionsverarbeitung

Um auf mentalem Wege zu intervenieren, bleibt also nur die Entstehung der Emotion als Ansatzpunkt für eine mögliche Veränderung übrig. Ich habe deshalb geprüft, ob es Mittel und Wege gibt, mit denen die Ausprägung negativer Emotionen als Reaktion auf die vorgegebene Abfolge von Reiz, Wahrnehmung und Denken unterbunden werden kann. Dabei stieß ich auf die faszinierende, wohl jedem bekannte Erfahrung: Eine anfänglich starke emotionale Erregung nimmt mit der Zeit deutlich ab. Wie ich eingangs bereits erwähnte, ist dieser Effekt so gut zu beobachten, dass der Volksmund die Empfehlung ausspricht, über einen großen Ärger erst einmal eine Nacht zu schlafen, statt sich zu einer unüberlegten Reaktion hinreißen zu lassen. Offensichtlich ist diese Emotionsverarbeitung und

-abschwächung ein sinnvoller biologischer Mechanismus, der dafür sorgt, dass die Erinnerung an negative Ereignisse nicht ein Leben lang zu einer starken emotionalen Antwort führt. Wenn diese Konsolidierung jedoch gestört ist, kommt es zur Ausbildung eines Traumas mit all seinen negativen Begleiterscheinungen für den Betroffenen.

Obwohl es normal ist und bisher unvermeidbar war, dass Furchtgedanken immer wieder in unser Bewusstsein eindringen, gibt es doch auch einen biologischen Mechanismus in uns, der emotionale Erinnerungen verblassen oder sogar völlig verschwinden lässt. Sollte es gelingen, diesen Effekt bewusst nutzbar zu machen, müsste sich dies sehr günstig auf die mental-emotionalen Aspekte des Golfspiels auswirken. Um hier eine weitere Klärung herbeizuführen, habe ich zunächst nach Antworten auf folgende Fragen gesucht:

1. Müssen negative Gedanken immer unabdingbar zu einer emotionalen Reaktion wie zum Beispiel zu Muskelverspannungen führen?
2. Welcher biologische Mechanismus im Gehirn ist es, der eine starke Erregung nach einiger Zeit abklingen lässt, auch wenn man sich an die betreffende Situation gedanklich noch gut erinnern kann?
3. Kann diese Art der Verarbeitung emotionaler Erlebnisse, die hauptsächlich *nachts* stattfindet, auch bewusst durchgeführt werden?
4. Falls dies möglich ist, lässt sich hieraus eine Methode entwickeln, mit deren Hilfe negative Emotionen beim Golfspiel schnell zum Abklingen gebracht werden können oder mit der ein Auftreten negativer Emotionen schon von vornherein unterbunden werden kann?

Emotionsverarbeitung durch schnelle Augenbewegungen

Antworten auf diese Fragen fand ich schließlich in der Literatur zum Neurolinguistischen Programmieren (NLP) bei Richard Bandler und John Grinder und in der Literatur zur Kinesiologie (Wayne Topping) und Psychokinesiologie (Dietrich Klinghardt), aber auch in der Veröffentlichung über die Anwendung der EMDR-Methode zur Behandlung traumatischer Ereignisse (Francine Shapiro). Hier wurde unter anderem Folgendes berichtet: Bei der Erinnerung an frühere Begebenheiten oder bei der Vorstellung zukünftiger Ereignisse kommt es zu jeweils typischen Augenbewegungen. Durch Therapien mit schnellen Augenbewegungen verlieren emotional belastende Ereignisse aus der Vergangenheit sehr schnell ihre Gefühlsintensität. Als Erklärung für diesen Effekt wird angegeben, dass durch die Augenbewegungen die emotionalen Erinnerungen im limbischen System verarbeitet, konsolidiert und abgespeichert werden. In den Veröffentlichungen hierzu wird immer eine Verbindung zum REM-Schlaf (REM = Rapid-Eye-Movement) hergestellt. Dieser ist durch die schnellen Augenbewegungen gekennzeichnet. Offensichtlich haben diese schnellen Augenbewegungen die Aufgabe, die Erlebnisse des Vortages, aber auch länger zurückliegende Ereignisse im Traum zu verarbeiten und die emotional belastenden Erinnerungen zu konsolidieren.

Golf und emotionales Clearing

Diese Erkenntnisse habe ich auf das Golfspiel übertragen und dabei herausgefunden, dass durch eine Nachbearbeitung negativer Golferlebnisse mit schnellen Augenbewegungen tatsächlich die emotionale Erinnerung verblasst und die Einflüsse der negativen Gedanken auf die Muskulatur verschwinden. Wie sich dann bei meinen weiteren Versuchen gezeigt hat, kann auch ein zukünftiges Golfspiel, zum Beispiel ein bevorstehendes Turnier, durch schnelle Augenbewegungen von seinem emotional-mentalen Belastungspotential befreit werden. Hierzu habe ich mir die aus der Gehirnforschung bekannte Tatsache zu Nutze gemacht, dass bei einem virtuellen Erlebnis die gleichen Gehirnvorgänge ablaufen wie bei einer real erlebten Situation. Durch diesen Effekt lässt sich eine erwartete kritische Spielsituation schon im Vorfeld emotional entschärfen, wenn sie im „Kopfkino" virtuell erlebt wird und dabei gleichzeitig schnelle Augenbewegungen ausgeführt werden. Dieses *Entschärfen* kann sogar erfolgreich auf dem Platz während eines Turniers vorgenommen werden, da hierfür oft schon 30 bis 60 Sekunden ausreichen. Furchtgedanken vor schwierigen Spielsituationen verlieren somit ihren Einfluss auf den Muskeltonus und auf die Schlagpräzision, wenn die Augenbewegungen unmittelbar vor der gefürchteten Situation gezielt eingesetzt werden. Misslungene Schläge oder Puttversuche können sofort *gecleart* werden, wodurch sie keine nachhaltige Wirkung auf den weiteren Spielverlauf nehmen.

Die GOA-Methode

Obwohl die Emotionsverarbeitung im Mittelpunkt steht, fußt die GOA-Methode insgesamt auf vier Säulen:

1. dem Muskeltest,
2. der Korrektur einer psychischen Umkehrung,
3. den schnellen, rhythmischen Augenbewegungen und
4. den Glaubenssätzen.

Auf die Augenbewegungen bin ich schon eingegangen – nun will ich Ihnen kurz die drei anderen Säulen vorstellen.

Glaubenssätze

Eine hohe mental-emotionale Fitness erreichen Sie nicht allein durch die Entschärfung Ihrer Furchtgedanken mit Hilfe der Augenbewegungen. Entscheidenden Anteil auf die Qualität Ihres Golfspiels haben auch die bewussten und unbewussten Glaubenssätze und Überzeugungen, die Sie über sich und Ihre golferischen Fertigkeiten und Fähigkeiten besitzen. Negative, auf das Golfspiel bezogene Glaubenssätze haben genau wie positive Glaubenssätze den fast unwiderstehlichen Drang, sich immer wieder selbst zu bestätigen. Sie sind wie sich selbsterfüllende Prophezeiungen. Negative Glaubenssätze, die bei Stress-Situationen während des Golfspielens bewusst und/oder unbewusst aktiviert werden, verändern durch die Ausprägung der für sie typischen negativen emotionalen Reaktionen auch den Muskeltonus. Der Weg zur mental-emotionalen Meisterschaft führt also unabdingbar über die „eiserne Ordnung" der Glaubenssätze. In Kapitel 5 finden Sie deshalb praktische Vorschläge, wie Sie Ihre einschränkenden Glaubenssätze erkennen und durch befreiende Glaubenssätze ersetzen können.

Armmuskel-Test

Mit dem Armmuskel-Test und dem Selbsttest stelle ich Ihnen in Kapitel 5 zwei faszinierende Wege vor, wie Sie die Reaktionen Ihres Körpers auf bewusst oder unbewusst belastende Situationen vor, während und nach dem Spiel testen können. Auf diesem Weg werden auch die Wirksamkeit der Augenbewegungen und die Einflüsse negativer und positiver Glaubenssätze auf Ihre Körperspannung überprüfbar. Der Armmuskel-Test ist sozusagen der „Lügendetektor" der GOA-Methode, der Ihnen den Weg zu gesunden Glaubenssätzen und zu Golfen *ohne Angst* weist.

Die Korrektur der psychischen Umkehrung

Die in der Einleitung schon erwähnte Leistungsblockade wird auch als *psychische Umkehrung* bezeichnet (Roger Callahan). Sie kann sich tief im Unterbewusstsein des Golfers manifestieren, zum Beispiel in dem Satz „Ich möchte ein schlechter Turnierspieler sein“, und sabotiert dann alle bewussten Versuche des Betroffenen, im Turnier seine normale Trainingsleistung abzurufen. Welcher Anlass jeweils zu einer derartigen Blockade führt, ist meistens schwer nachzuvollziehen; oft reicht hier schon eine starke Stress-Situation aus. Von größter Bedeutung ist daher, solche Blockaden zu erkennen und sie aufzulösen. Wie dies gelingt, ist in Kapitel 5 nachzulesen.

Die einzelnen Schritte der GOA-Methode sehen wie folgt aus:

1. Schritt: Stellen Sie Ihre emotional belastenden Situationen während eines Turniers in einer Liste zusammen. Auch spezifische Problempunkte auf dem Platz, an denen Sie immer wieder Fehlschläge produzieren, sollten Sie in diese Liste aufnehmen.
2. Schritt: Überprüfen Sie jede dieser Situationen mit dem Armmuskel-Test darauf, ob sie zu einer emotionalen Reaktion mit einer Veränderung des Muskeltonus führt (siehe Seite 95).
3. Schritt: Bevor Sie das Problem angehen, sollten Sie für jede ausgetestete Stress-Situation prüfen, ob eine psychische Umkehrung vorliegt. Ist dies der Fall, muss sie zunächst aufgelöst werden. Erst dann kann die GOA-Methode ihre volle Wirkung entfalten.
4. Schritt: Jede belastende Situation wird nun emotional gecleart: Sie stellen sich die Situation visuell in Ihrem Kopfkino vor, sprechen den dazugehörigen „Befürchtungssatz“ und führen dabei mit den Augen die schnellen rhythmischen Bewegungen aus (siehe Seite 106).

5. Schritt: Die emotionale „Säuberung“ ist erfolgt, wenn vorherige Körpergefühle wie ein Kribbeln im Bauch, feuchte Hände usw. abgeklungen sind und Ihr Arm stark testet.

6. Schritt: Zusätzlich sollten Sie Ihre negativen, einschränkenden Glaubenssätze zu den jeweiligen Stress-Situationen mit Hilfe einer Art Inventarliste aufspüren. Dann ersetzen Sie Ihre einschränkenden Glaubenssätze durch positive, freimachende Glaubenssätze mit der „Einklopfmethode“ (siehe Seite 104).

7. Schritt: Ausgehend von den einfachen Glaubenssätzen können Sie nun nach den dazugehörigen tiefer liegenden Kern-Glaubenssätzen forschen. An deren Stelle installieren Sie dann die positiven Kern-Glaubenssätze.

Kapitel 2
Die Emotionssysteme des Gehirns

Im vorherigen Kapitel habe ich versucht, die dominierende Rolle der Emotionen auf die mentale Problematik im Golfsport darzustellen und zu begründen. Nun möchte ich von den neuen, revolutionierenden Erkenntnissen aus der Gehirnforschung über die Entstehung der Emotionen und deren Auswirkung auf spezifische Körperreaktionen (wie zum Beispiel Muskelverspannungen) berichten. Wenn auch Sie mit diesem Wissen ausgestattet sind, finden Sie nun Begründungen für bisher unerklärliche Einbrüche der Spielqualität auf der Runde oder für starke Formschwankungen von Turnier zu Turnier. Auch werden Sie die emotional-mentale Paradoxie des Golfens kennen lernen, die ich hier vorab schon skizziere:

Golf ist ein im höchsten Maße präzisionsorientierter Sport. Kleinste Abweichungen in der Schlagpräzision haben oft fatale Folgen auf den Score. Der „Notfallschalter" Amygdala versteht diese Herausforderung leider als eine Bedrohung für uns und startet daher auf dem Golfplatz öfters Furchtreaktionen, die dann durch ihre Auswirkungen auf die Muskelspannung genau das bewirken, was wir vermeiden wollen, nämlich den Verlust an Genauigkeit.

Im Mittelpunkt der folgenden Betrachtungen steht das Furchtsystem und insbesondere die Amygdala, deren Bedeutung für die emotional-mentale Problematik des Golfens nicht hoch genug eingeschätzt werden kann. Sie ist die „graue Eminenz in unserem Kopf" (Häusel, S. 43).

Außerdem erfahren Sie, wie Furchtreaktion und Furchtkonditionierung jenseits des Denkens den Körper und damit unseren Golfschwung beeinflussen. Dabei wird sich zeigen, dass die bisherigen Empfehlungen, die das Denken beeinflussen sollen (positives Denken, Konzentration auf den Atem usw.), zu enttäuschenden Ergebnissen führen müssen.

Statt sich wie bisher mehr oder weniger resigniert in diese unbefriedigenden Abläufe zu fügen – nach dem Motto „Beim Golf lernt man Demut" –, können Sie nun mit den hier gewonnenen Erkenntnissen die GOA-Methode *gezielt* für die Lösung Ihrer speziellen Problematik einsetzen. Wer von Ihnen sich aber gleich mit der Praxis beschäftigen will, sollte ab Kapitel 5 weiterlesen.

Emotionen und Emotionssystem

Emotionen sind Funktionen des Gehirns, die das Überleben von Lebewesen sichern sollen. Elementare Überlebensfragen wie die Nahrungssuche, die Abwehr von Gefahren, die Sexualität, das Aufziehen der Nachkommen, soziale Beziehungen usw. werden von unterschiedlichen Emotionen gesteuert. Da sich die einzelnen Emotionen in verschiedenen Hirnzentren ausbilden, gibt es mehrere emotionale Systeme. Spezifische Reize führen durch das Bewertungssystem zu

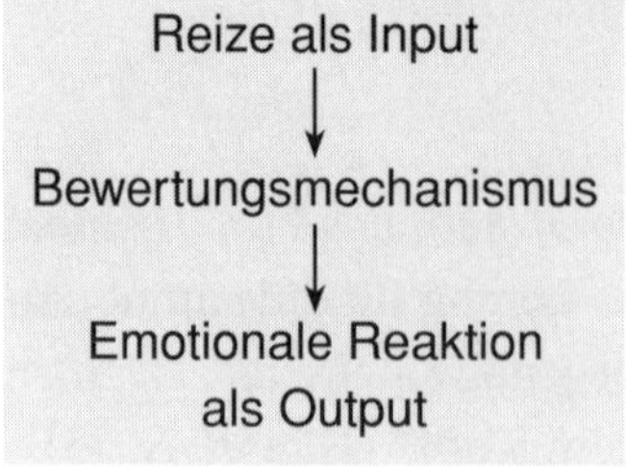

Abb. 2: Das Emotionssystem als Funktionseinheit

entsprechenden Emotionen, die ihrerseits bestimmte emotionale Reaktionen oder Verhaltensweisen bewirken.

Eine derartige Funktionseinheit bezeichnet LeDoux als *Emotionssystem* (siehe Abb. 2)

Das Furchtsystem

In Zusammenhang mit dem Golfspiel interessiert uns speziell das Gefühl der Furcht beziehungsweise das Furchtsystem. Die Input-Reize des Furchtsystems können „angeborene Auslöser" (Fressfeinde bei Tieren) oder „erlernte Auslöser" (zum Beispiel der Golfball vor einem Wasserhindernis) sein.

Nach LeDoux ist das Furchtsystem „ein System, das Gefahren entdeckt und Reaktionen erzeugt, die die Wahrscheinlichkeit maximieren, eine Gefahrensituation möglichst zu überleben. Es ist anders gesagt ein Abwehrverhalten" (LeDoux, S. 138). Dieses Abwehrverhalten hat sich evolutionär *unabhängig von bewussten Gefühlen entwickelt*, es kann also unabhängig von unserem Bewusstsein tätig sein. Nur in den Situationen, in denen das Abwehrverhalten mit dem Bewusstsein gemeinsam agiert, entstehen bei uns bewusste, subjektive Furchtgefühle.

Während Emotionen also im Unterbewusstsein das Abwehrverhalten aktivieren, entsteht das Gefühl der Furcht erst dann, wenn das Bewusstsein dieses Abwehrverhalten registriert. *Unser Furchtsystem kann demnach eine Furchtreaktion auslösen, ohne dass wir vorher ein Gefühl der Furcht empfunden haben.*

Einem Außenstehenden mag es seltsam anmuten, dass beim Golfen unser evolutionäres Abwehrverhalten tätig wird. Auf dem Golfplatz geht es aber häufig, wie in anderen Sportarten oder in vielen Situationen des Alltags auch, um unser Ego. Das Ego sucht nach Anerkennung (niedriges Handicap, Turniersieg usw.) und will ein

Versagen besonders unter den Augen von Zuschauern unter allen Umständen vermeiden. Misslungene Schläge werden vom Ego nicht als Missgeschick des Betroffenen in seiner jeweiligen selektiven Rolle als Golfer eingestuft, sondern als Versagen der gesamten Persönlichkeit begriffen. Somit werden herausfordernde Situationen auf dem Golfplatz von der Amygdala häufig als gefährliche Situationen für Geist und Seele interpretiert.

Das Schlimme dabei ist, dass das Ego uns durch die Aktivierung der Amygdala dann erst recht in eine prekäre Situation hineinzwingt.

Die Amygdala

Eingebettet im Zentrum des Furchtsystems befindet sich die Amygdala. Sie besteht aus einer Gruppe mandelförmiger Kerne, die sich an beiden Schläfenseiten im vorderen Bereich des Temporallappens befinden (siehe Abb. 3). Wegen ihres mandelförmigen Aussehens wird sie auch als Mandelkern bezeichnet.

Die Amygdala (6) steht in engem Kontakt mit den weiteren Hauptakteuren des Furchtsystems wie dem Thalamus (1), dem präfrontalen Kortex (2), dem Hypothalamus (3), dem Hippokampus (4) und dem Hirnstamm (5).

(1) Der *Thalamus* nimmt die Funktion einer Relaisstation ein, die eingehende Informationen zur Weiterverarbeitung an die zuständigen Gehirnbereiche weiterleitet.

(2) Der *präfrontale Kortex* befindet sich im vorderen frontalen Kortex. Hier werden die Reaktionen, die in den unterbewussten Gehirnregionen wie Amygdala und Hypothalamus ablaufen, in bewusste Gefühle und Körperreaktionen umgewandelt und mit einer bewussten Wahrnehmung der auslösenden Ereignisse in Verbindung gebracht. Auch wird im präfrontalen Kortex emo-

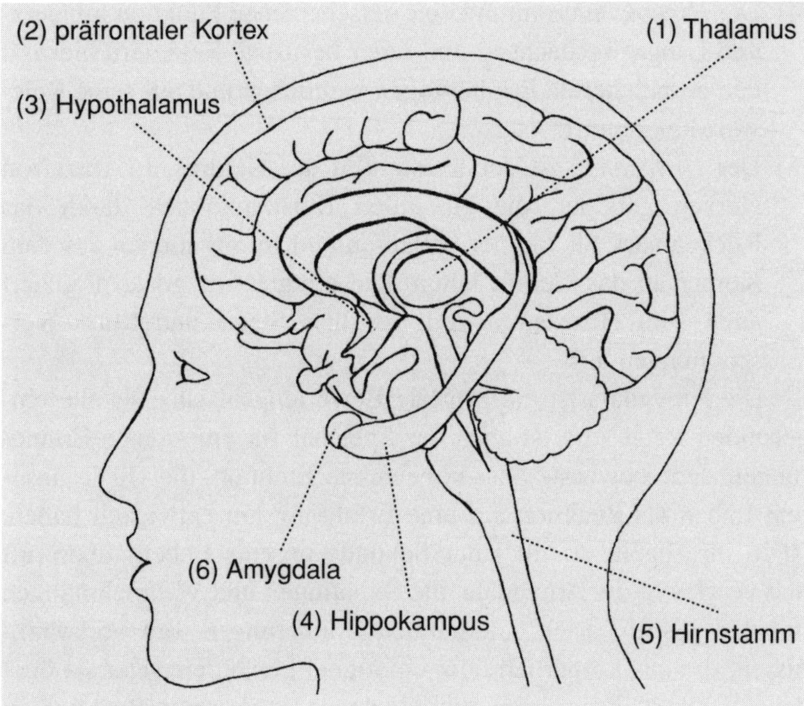

Abb. 3: Querschnitt durch das menschliche Gehirn

tionales Handeln geplant. Auf diese Weise werden die unbewussten Emotionen von Amygdala und Hypothalamus in bewusste Gefühle umgesetzt.

(3) Der *Hypothalamus* ist über die Ausgangs-Kontrolle des autonomen Nervensystems und über die Steuerung des Hormonsystems für die Regulation der vitalen Funktionen, die mit emotionalen Prozessen in Zusammenhang stehen, zuständig. Hat die Amygdala eine Gefahr erkannt, aktiviert sie den Hypothalamus, und die emotionale Furchtreaktion breitet sich aus. Es kommt unter anderem zu heftigem Atmen, schnellem Herzschlag, Schwitzen, trockenem Mund, Magendrücken und *angespannter Muskulatur.*

(4) Der *Hippokampus* nimmt eine entscheidende Funktion im Kurz- und Langzeitgedächtnis ein. Jeder bewusste Reiz wird hier mit den gespeicherten Erinnerungen verglichen und auf seine Relevanz hin geprüft.
(5) Der *Hirnstamm* ist der älteste Teil des Gehirns. Er wird von Nerven gebildet, die aus allen Körperregionen durch das Rückenmark bis hierher verlaufen und Informationen aus dem Körper an das Gehirn leiten. Die erregte Amygdala projiziert auch zum Hirnstamm und löst hier Starre und Muskelverspannungen aus.

Die Amygdala ist die zentrale Bewertungsinstanz für alle eingehenden Reize und ist auch der Speicher für emotionale Erinnerungen. Jede bewusste oder unbewusste Emotion, die wir in unserem Leben als Reaktion auf eine Erfahrung hin entwickelt haben, ist in ihr abgelagert. In jeder Sekunde unseres Lebens überprüft und vergleicht die Amygdala alle Situationen und Wahrnehmungen mit den gespeicherten emotionalen Erinnerungen. Bei Vorkommnissen, die uns körperlich oder emotional gefährden, setzt sie über das „Vehikel" Emotionen die Flucht- oder Angriffs-Reaktion in Gang. Die Amygdala sorgt dafür, dass wir uns an das erinnern, wovor wir uns fürchten müssen. Sie ist somit der „emotionale Wächter", der uns bei Gefahr zu schnellem Handeln veranlasst und die hierfür erforderlichen körperlichen und geistigen Voraussetzungen schafft.

Diese Voraussetzungen werden durch die Outputs der Amygdala eingeleitet (siehe Abb. 4). Auf einen emotionalen Reiz hin aktiviert sie Hypothalamus und Hirnstamm. Dadurch kommt es zu einer übermäßigen Ausschüttung von Stresshormonen, zur Erregung des Sympathikus und zu gesteigerten motorischen Reaktionen. Blutdruck, Herzfrequenz und Wachsamkeit erhöhen sich. Für einen kurzen Moment erstarren wir und entscheiden uns dann für Flucht oder Angriff. Dazu ist eine Anspannung der Muskulatur nötig.

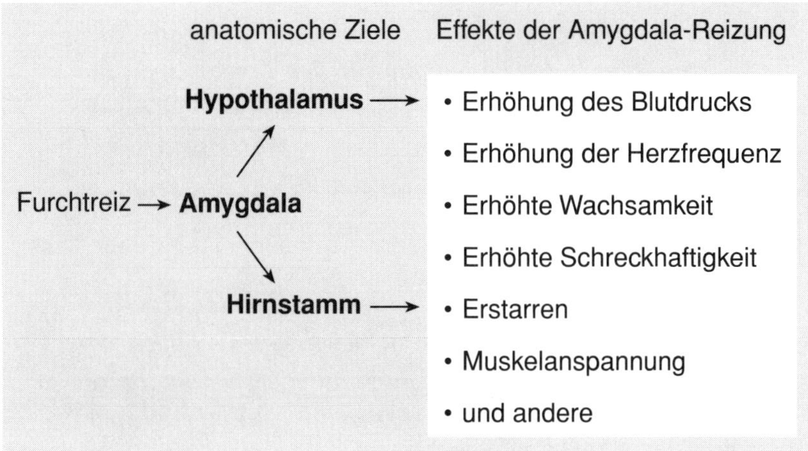

Abb. 4: Die Inputs und Outputs der Amygdala

Diese Reaktionen des Körpers werden an den Kortex zurückgemeldet, der sich durch die von der Amygdala ausgeschütteten Stresshormone bereits in erregtem Zustand befindet. Die Registrierung des Reizes, die Aktivierung der Amygdala mit den nachfolgenden Outputs, die Erregung des Kortex und erst die vom Kortex registrierten *Körperreaktionen* machen ein Geschehen zu einem regelrechten *emotionalen Erlebnis* der Furcht.

Aus diesen Erkenntnissen ergeben sich drei wichtige Schlussfolgerungen für die Erklärung und Auflösung mentaler Probleme auf dem Golfplatz:

1. Erst durch die Aktivierung der Amygdala wird aus einem Reiz ein emotionales Erlebnis mit Muskelverspannung. Die Wahrnehmung und Bewertung des Reizes durch das Denk-Gehirn allein reicht hierzu nicht aus.

2. Die Verknüpfung von Emotion und Körperausdruck hat eine immense Bedeutung für den Golfer. Jede Befürchtung ist dadurch mit einer Reaktion des Körpers „vergesellschaftet". In der Regel gehört eine Muskelverspannung mit dazu, mitsamt ihren verheerenden Auswirkungen auf die Schlagpräzision.

3. Die unbewussten Abläufe der emotionalen Reaktion werden erst dann für uns zu bewussten Gefühlen der Furcht, wenn das Denk-Gehirn die Körperreaktion registriert und deutet. Zunächst findet also eine Körperreaktion wie zum Beispiel die Muskelverspannung statt, und dann erst empfinden wir das Gefühl der Furcht.

Die zwei Wege zur Amygdala

1. Der langsame Weg (vom Denken zur Emotion)

Bis vor einigen Jahren war man der Meinung, dass das denkende Gehirn (der Neokortex) immer im Mittelpunkt der Emotions- und Gefühlsbildung stehe und demnach unser Verhalten und unsere Gefühle nur über das *bewusste* Denken gesteuert werde.

Wie Emotionen aus Gedanken hervorgehen können, verdeutlicht folgendes Beispiel:

Wenn in einem Turnier unser Ball ca. 120 Meter vor dem Grün liegt, das frontal von einem Wasser beschützt ist, kommen wir nach kurzer Überlegung zu der Entscheidung, anstatt vorzulegen den direkten Schlag aufs Grün zu versuchen. Nach dieser *bewussten* gedanklichen Abwägung setzt die entsprechende emotionale Reaktion ein. Initiiert durch die Amygdala, erhöhen wir unsere Konzentration, die Handflächen werden feucht, wir sind angespannt, halten den Schläger fester und ein Anflug von Zweifel oder Furcht schleicht sich in unser Bewusstsein. Nach dem geglückten Schlag registrieren wir, dass die „Gefahr" vorbei ist, und die emotionale Reaktion ebbt ab.

In die Sprache des Gehirns übertragen sieht dieses Erlebnis folgendermaßen aus: Zunächst erreicht der über die Sinnesorgane eingehende Reiz den Thalamus, der als Filterstation agiert und darüber entscheidet, ob die eintreffende Information überhaupt wichtig genug ist, um vom Gehirn weiterverarbeitet zu werden.

Ist sie erst als wichtig eingestuft, wird die Information zum Neokortex weitergeleitet, dort verarbeitet und bewertet. Das Gehirn

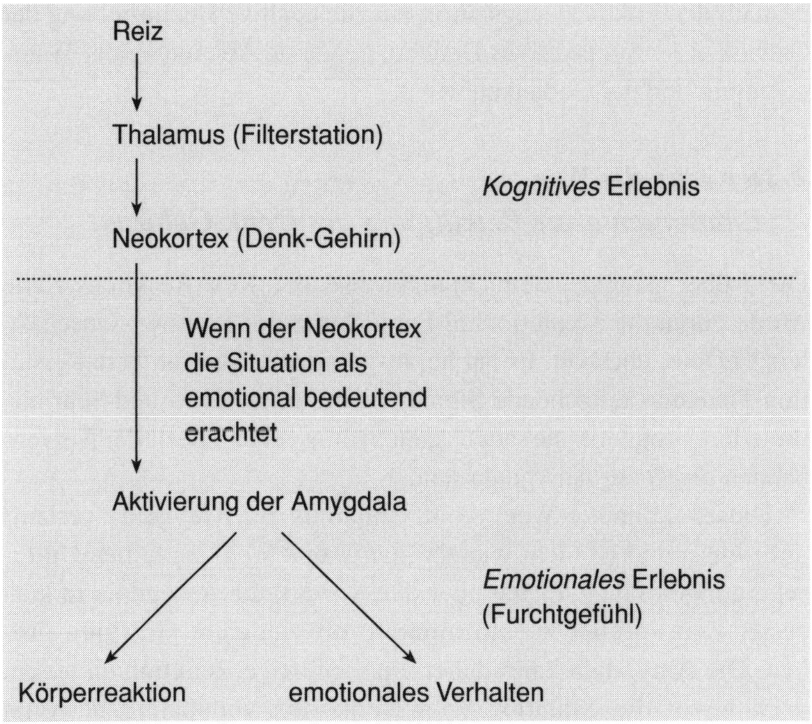

Abb. 5: *Ältere* Vorstellungen zum Reiz-Reaktions-Ablauf

erkennt so, mit welchem Reiz es konfrontiert wird und welche Bedeutung ihm zukommt.

Erkennt der Neokortex eine Gefahrensituation, aktiviert er die Amygdala, damit diese eine Abwehrreaktion einleitet. Dieser geschilderte Vorgang kann einige Sekunden bis Minuten dauern.

Bis vor einigen Jahren galt die Meinung, der oben geschilderte Ablauf stelle die einzige Möglichkeit dar, wie Emotionen und Gefühle gebildet werden können. Die Gefühle waren somit dem Denk-Gehirn untergeordnet und stellten praktisch ein Folgeprodukt des Denkens dar (siehe Abb. 5). Die bisherigen Empfehlungen zur Überwindung der mentalen Problematik des Golfens gehen in der Regel von diesem Modell des emotionalen Erlebens aus und richten deshalb den Fokus zwangsläufig auf die positive Beeinflussung der Gedanken (durch positives Denken, bewusste Ablenkung der Wahrnehmung und der Gedanken usw.).

2. Der schnelle Weg (Emotionen ohne Beteiligung des Denk-Gehirns)

Die früher gängige Betrachtungsweise der Reiz-Reaktions-Kette wurde durch die revolutionäre Entdeckung des Neurowissenschaftlers LeDoux überholt. Er hat herausgefunden, dass die Verteilerstation Thalamus eingehende Signale nicht nur zur Hör- und Sehrinde projiziert, sondern sie auch gleichzeitig über spezielle Nervenbahnen *direkt* zur Amygdala sendet.

Dieser „schnelle Weg" vom Thalamus zur Amygdala verläuft unbewusst und ist nicht wie der „langsame Weg" zu feinen Unterscheidungen fähig. Er hat aber den Vorteil, die Amygdala in kürzester Zeit darüber zu informieren, ob vielleicht Gefahren drohen. Die Amygdala kann daher eine sofortige Reaktion einleiten, noch bevor die Situation vom Neokortex vollständig bewertet wurde.

Liegt die abschließende Beurteilung des Neokortex vor, sind zwei Abläufe möglich:

1. Das vollständige Bild weist tatsächlich auf eine reale Gefahr hin, so dass die von der Amygdala schon initiierte Kampf- oder Flucht-Reaktion fortgesetzt werden kann.
2. Der Neokortex ist zu der abschließenden Erkenntnis gekommen, dass keine Gefahr vorliegt. Er veranlasst daraufhin die Amygdala, die Angstreaktion abzubrechen.
   LeDoux hat in seinem inzwischen berühmten Beispiel diesen Ablauf wie folgt beschrieben:

> *Bei einem Waldspaziergang stößt ein Wanderer plötzlich auf eine vermeintliche Schlange, die hinter einem Holzstück zusammengerollt liegt.*
>
> *Dieser Reiz wird vom Thalamus sehr detailliert an die Sehrinde und gleichzeitig als schnellere aber ungenaue Information an die Amygdala weitergeleitet.*
>
> *Die Amygdala arbeitet nun wie ein „emotionaler Notfallschalter" und bewirkt über Erhöhung von Blutdruck und Herzfrequenz sowie einer verstärkten Muskelkontraktion, dass wir schnell stehen bleiben oder zur Seite springen.*
>
> *Die Sehrinde hat inzwischen ein genaues, detailliertes Bild des Objektes erstellt, das besagt, dass es sich hier um ein harmloses Holzstück handelt. Diese Information führt dazu, dass die Amygdala ihre Reaktion drosselt. Der Wanderer nimmt seinen Weg wieder auf, sein Blutdruck und seine Herzfrequenz beginnen sich wieder zu normalisieren.* (LeDoux, S. 177)

LeDoux betont, dass die schnelle Reaktion der Amygdala lebensrettend sein kann und dass es besser ist, einen Stock versehentlich für eine Schlange zu halten, als auf eine Schlange nicht schnell genug reagiert zu haben.

Das Bedeutsame an dieser Entdeckung ist, dass der direkte Weg zur Amygdala eine mindestens um die Hälfte kürzere emotionale Reaktionszeit zur Folge hat. Die Amygdala kann deshalb auch als *„emotionaler Notfallschalter"* bezeichnet werden. Dieser Notfallschalter gleicht ununterbrochen jeden eingehenden Reiz mit den gespeicherten emotionalen Erinnerungen ab und überprüft somit, ob er mit Gefahr in Zusammenhang steht. Im Ernstfall versetzt er Gehirn und Körper in Alarmbereitschaft, noch bevor der Neokortex in seiner abwägenden Art die Gefahr vollständig zur Kenntnis genommen hat und sie der Amygdala weitermelden kann.

Wir verfügen somit über zwei parallel arbeitende Wahrnehmungssysteme für ein und denselben Reiz:

1. Das *unbewusste* emotionale Wahrnehmungssystem (der schnelle Weg)

Dieses „Frühwarnsystem", in dessen Mittelpunkt die *Amygdala* steht, dient dem unmittelbaren Überleben. Es aktiviert das Kampf- oder Fluchtverhalten.

2. Das *bewusste* rationale Wahrnehmungssystem (der lange Weg)

Die Hauptrolle in diesem „Analyse-System" hat das *Denk-Gehirn* übernommen. Es untersucht unter größerem Zeitaufwand detailgenau die potentielle Gefahrensituation, um dann je nach Befund die Amygdala-Reaktion zu verstärken oder abzuschalten.

Beide Wahrnehmungssysteme können eine konditionierte Furchtreaktion auslösen.

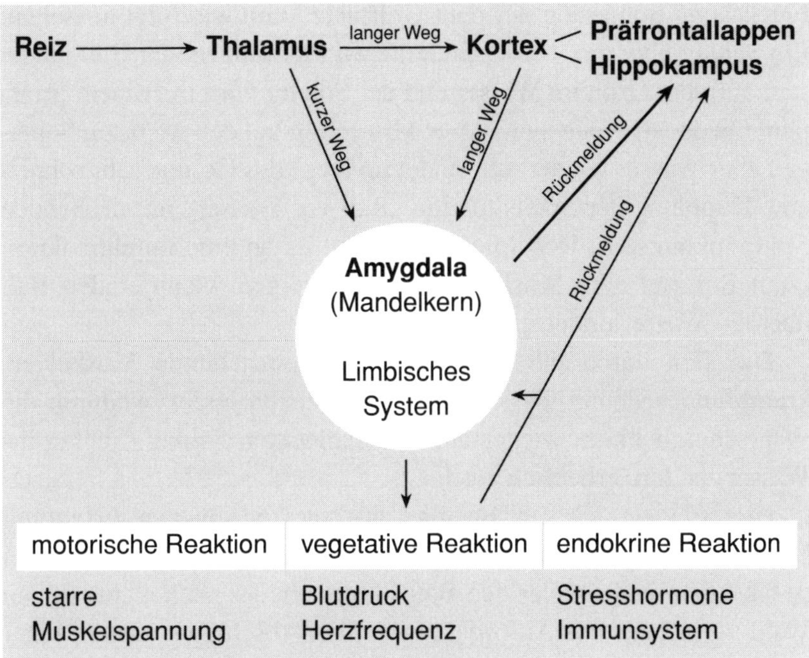

Abb. 6: Die Inputs und Outputs der Amygdala

Die Furchtkonditionierung

Bei der Furchtreaktion kommt der Furchtkonditionierung ein besonderer Stellenwert zu. Durch das Abgleichen mit den schlechten Erfahrungen, die im Gehirn gespeichert sind, wird aus einem an sich neutralen Reiz urplötzlich ein Warnsignal, das auf eine potentiell gefährliche Situation hinweist und eine Furchtreaktion auslöst. Das bezieht dann die fatalen Muskelverspannungen mit ein.

Die Furchtkonditionierung erfolgt schnell. Manchmal reicht eine einzige Kopplung von Reiz und Abwehrreaktion dafür aus. In der Regel erfahren Golfer im Laufe ihrer Golfkarriere verschiedene Furchtkonditionierungen. Ein typischer Verlauf einer solchen

Furchtkonditionierung auf dem Golfplatz kann wie folgt aussehen: Ein Schlag über ein Wasserhindernis ist misslungen, der Ball landet statt auf dem Grün im Wasser und der Spieler wird mit einem Strafpunkt bedacht. Wenn sich dieser Misserfolg bei den nächsten Schlägen über Wasser wiederholt, findet im Kopf des Golfers sehr schnell eine Kopplung der Spielsituation „Ball vor Wasser" mit drohenden Strafpunkten statt. Der Spieler wird von da an eine Furchtreaktion (zum Beispiel eine Muskelkontraktion) zeigen, wenn er den Ball über ein Wasserhindernis schlagen muss.

Die sich durch die Konditionierung einstellende Muskelverkrampfung bedeutet, dass die Schlagpräzision leidet, wodurch die Wahrscheinlichkeit, wieder einen missglückten Schlag (Schlag ins Wasser) zu tun, erheblich wächst.

Hierzu kann ich ein Beispiel aus meiner eigenen Erfahrung beisteuern: Am zweiten Abschlag auf meinem Heimatplatz passiert es häufiger, dass Spieler den Ball immer wieder nach rechts in den Wald verziehen. Die Anforderung an den Abschläger besteht unter anderem darin, dass sich vor ihm ein schmaler Wasserlauf befindet, der später auf der linken Seite in einen größeren Teich mündet (siehe Foto Seite 89). Auf der rechten Seite droht auf einer Länge von etwa 170 Metern unmittelbar sofort das Aus durch eine Baumbegrenzung, die später noch ins Fairway ragt. Links wird die Bahn durch den besagten Teich, hohes Rough und danach ebenfalls durch Baumbestand begrenzt. Die größte Gefahr stellt wohl die Aus-Grenze auf der rechten Seite dar, dies besonders für die Spieler, die zum Slice neigen.

Richard, ein Handicap-17-Spieler, fängt sich in dieser Spielsituation häufig Strafpunkte ein. Ausgerechnet hier ist dann sein Slice besonders ausgeprägt. Seine bisherige mentale Strategie bestand darin, sich wiederholt formelhaft den Satz „Ich will nicht nach rechts schlagen , ich will nicht nach rechts schlagen" vorzusagen. Diese Vorgehensweise brachte ihm aber nicht den gewünschten Erfolg. Wie lässt sich das erklären?

Ich habe in der NLP-Literatur zu dieser Thematik öfters den Hinweis gefunden, das Gehirn verstehe das Wort ‚nicht' *nicht*. Wenn dies so stimmt, würde es durch die obige Formel geradezu aufgefordert, den Ball nach rechts zu steuern. Eine weitere Erklärung könnte in dem bereits erwähnten Studienergebnis von Wegner zu finden sein, wonach Probanden umso häufiger an einen weißen Bär dachten, desto stärker sie versucht hatten, diese Gedanken zu unterdrücken. Der paradoxe Satz „Ich will nicht nach rechts schlagen" führt offenbar manipulativ genau zum Gegenteil.

Aufgrund der schlechten Erfahrungen stellte sich bei Richard sicherlich bei jedem Abschlag an Bahn 2 sofort eine Furchtreaktion mit Muskelverspannung ein. Diese Verspannung wurde nicht nur durch die gedanklichen Erinnerungen und durch die Befürchtung des Spielers hervorgerufen, sondern schon vorher reflexartig durch eine ausgeprägte Furchtkonditionierung stimuliert.

Als Richard dann die GOA-Methode anwendete, fanden wir beim Muskeltesten folgende Konstellation vor: 1. Beim Denken an Abschlag 2 wurde sein Arm schwach. Es kommt hier demnach wie erwartet zu einer Furchtreaktion. 2. Der Satz „Ich möchte auf der Bahn 2 den Abschlag nach rechts verziehen" schwächte seinen Arm genauso wie der Satz „Ich möchte auf der Bahn 2 einen geraden Abschlag machen". Es lag also auch eine psychische Umkehrung vor. Um sie zu beheben, klopfte er die Sätze „Ich akzeptiere mich voll und ganz mit all meinen Problemen und Grenzen" und „Ich akzeptiere mich voll und ganz, obwohl ich am zweiten Abschlag den Ball immer ins rechte Aus schlage." Dann stellte er sich vor, wie er den Abschlag ausführte und der Ball wie gewohnt nach rechts ins Aus flog. Dabei praktizierte er die schnellen Augenbewegungen und wiederholte ständig den Satz „Ich befürchte, dass ich an Abschlag 2 den Ball ins rechte Aus schlage."

Nach vier Sets testete sein Arm bei der Vorstellung der Problemsituation stark, auch Körperempfindungen traten nicht mehr auf.

Die vorherige Furchtkonditionierung war gelöscht. Er stellte sich dann einen optimalen Abschlag vor und bewegte dazu wieder die Augen im schnellen Rhythmus. Dies tat er solange, bis er sich völlig mit diesem Ergebnis identifizieren konnte. Für einen Monat klopfte er einmal täglich den Glaubenssatz „Es gelingt mir, an Abschlag 2 den Ball weit und mitten aufs Fairway zu schlagen."

Im nächsten Turnier führte er kurz vor dem Problemabschlag ein emotionales Clearing durch, wie es weiter unten beschrieben wird. Für seine Arbeit wurde Richard dann mit einem perfekten Abschlag belohnt. Auch in den späteren Turnieren konnte er dies wiederholen.

Weitere Situationen beim Golfen, in denen wiederholtes Versagen eine Furchtkonditionierung auslösen kann, sind unter anderem
- der erste Abschlag
- Schläge über ein bestimmtes Wasserhindernis
- Bunkerschläge
- beim Chippen (zu fettes Treffen)
- beim Einputten aus 0,5 bis 2 Meter Entfernung
- an einem bestimmten Loch („Dieses Loch liegt mir einfach nicht. Hier könnte ich eigentlich immer schon vorher auf der Score-Karte einen Streicher eintragen.")
- Situationen, die das Spiel entscheiden
- nach anfänglich gutem Scoren. Plötzlich kommen Gedanken des Zweifels, ob man das gute Spielen bis zum Ende durchhalten kann. Mit dem Zweifel bricht dann das Spiel häufig ein.

Die besondere Bedeutung der Furchtkonditionierung für das Golfen liegt darin, dass ein ehemals harmloser Reiz nun *immer* den schnellen, unbewussten Weg nimmt und den „Notfallschalter" Amygdala aktiviert, bevor das Denk-Gehirn bewusst abwägen kann, ob die Situation prekär ist oder nicht.

Wiederholte Misserfolge in bestimmten Situationen werden also obendrein auch noch mit der Furchtkonditionierung „belohnt". Hierdurch lassen sich auch die Erfahrungen vieler Golfer erklären, die phasenweise mit den Hölzern hervorragend spielen, aber mit den Eisen nicht zurecht kommen. Wochen später verhält es sich dann genau umgekehrt. Sicherlich lässt sich dieser Zyklus teilweise auf die jeweils unterschiedlichen Schlagbewegungen zurückführen.

Misslingt der häufige Wechsel von fegenden Bewegungen (aufwärts) mit Holz zum „Abwärts-Treffen" mit Eisen und resultieren daraus öfter schlechte Schläge mit Eisen, wird es mit hoher Wahrscheinlichkeit auch zu einer Furchtkonditionierung kommen. Für einige Zeit ist man dann beim Spielen mit Eisen blockiert.

Verschiedene Anlässe können dazu führen, dass plötzlich einige gute Schläge mit Eisen gelingen, wodurch die Konditionierung wieder aufgehoben wird. Oft kommt es dann kurze Zeit später jedoch zur Blockade beim Spiel mit den Hölzern.

Ähnlich, wie ich es später für das Putten beschreiben werde (Seite 160), kann sich eine konditionierte Furchtreaktion mit Muskelverspannung allein schon dann herausbilden, wenn man ein Eisen oder Holz in die Hand nimmt, je nachdem, bei welchem Gerät die Blockade vorherrscht. Manche Spieler entziehen sich diesem Wechselzyklus, indem sie nur noch mit Eisen spielen. Mit der GOA-Methode lassen sich diese Furchtkonditionierungen und Blockaden leicht auflösen beziehungsweise vermeiden.

Die kontextuelle Furchtkonditionierung

Eine weitere wichtige Entdeckung von Joseph LeDoux bezieht sich auf die kontextuelle Konditionierung. Diese besagt, dass nicht nur der zentrale Reiz einer Gefahrensituation konditioniert werden kann.

LeDoux beschreibt dies so:

> *Wenn man eine Ratte in eine Kiste setzt und ihr, während ein Ton ertönt, ein paar Mal einen schwachen elektrischen Schlag versetzt, wird sie auf den Ton konditioniert, aber auch auf die Kiste (Kontext). Wird die Ratte dann wieder in die Kiste gesetzt, so werden auch ohne Ton die konditionierten Furchtreaktionen – Starre, autonome und endokrine Erregung, Schmerzunterdrückung, Reflexverstärkung – auftreten. Der Kontext ist zu einem konditionierten Reiz geworden.* (LeDoux, S. 179)

Aufs Golfen übertragen muss man demnach damit rechnen, dass die kontextuelle Furchtkonditionierung Folgendes bewirken kann:

- Ein Fehlschlag über Wasser kann zur konditionierten Furchtreaktion bei allen Wasserhindernissen führen.
- Ähnliches gilt für das Bunkerspiel, aber auch für Flight-Mitglieder, in deren Beisein man schon öfter schlecht gespielt hat.
- Nicht auszuschließen ist, dass ein bestimmter Golfplatz an sich schon eine Furchtkonditionierung hervorruft.

Ist eine Situation auf dem Golfplatz furchtkonditioniert, wird eine erneute Konfrontation mit dieser Situation *immer und ohne Ausnahme* zu einer Aktivierung der Amygdala über den schnellen Weg führen. Hierdurch ist eine Problemsituation wie zum Beispiel „Ball vor Wasser“ als Mini-Trauma in den zwei Wahrnehmungs- und Gedächtnissystemen (Amygdala-System und Denk-Gehirn-System) gespeichert. Beide Systeme werden von demselben Reiz erregt und reagieren gleichzeitig, sodass es den Anschein hat, als handele es sich hier um nur eine Gedächtnisfunktion. Tatsächlich aber laufen zwei verschiedene Vorgänge ab, die sich allerdings gegenseitig beeinflussen können (siehe Abb. 6). Da fast alle kritischen Situationen auf dem Golfplatz furchtkonditioniert sind, ist ein Verständnis der oben beschriebenen Vorgänge von größter Wichtigkeit, wenn man eine hohe emotional-mentale Fitness erreichen will.

Mit den obigen Informationen wird es Ihnen nun leichter fallen nachvollziehen, warum alle Mental-Methoden, die über die „Denkschiene" laufen (positives Denken, Ablenkungsstrategien usw.), nur in geringem Umfang zum Erfolg führen können. Auch wird verständlich, warum im Gegensatz dazu die GOA-Methode genau den Kern der mentalen Golfproblematik trifft.

Die unbewussten Auslöser der Muskelverspannungen

Hinzu kommt, dass man beim Golfen auch negative emotionale Gefühle empfinden kann, *ohne* dass man sich ihres auslösenden Reizes bewusst wird. Unter Umständen deutet man die registrierten Gefühle dann falsch.

Des Weiteren kann es passieren, dass während des Golfspiels neben einer bewussten Furcht, wie zum Beispiel der, den Ball ins Wasser oder in den Bunker zu schlagen, auch ab und an ein unbewusstes Abwehrverhalten aktiviert ist, das zu Fehlschlägen führt, die dem Golfer unverständlich erscheinen. Das ist so, wenn er subjektiv keine bewusste Angst vor einem Wasserhindernis empfindet, obwohl in seinem Körper längst eine Abwehrreaktion erfolgt ist, nämlich eine Muskelverkürzung.

Während sich bei diesen Konstellationen keinerlei Ansätze für Denkstrategien bieten, kann man mit der GOA-Methode auch hier erfolgreich intervenieren. Allerdings sollte man dafür mit Kinesiologie und mit den Möglichkeiten, die das Muskeltesten bietet, gut vertraut sein.

Weitere Aspekte der Furchtkonditionierung

Einige wichtige Aspekte der Furchtkonditionierung will ich hier noch kurz anfügen.

Ist ein Reiz erst einmal als Auslöser einer Furchtreaktion gelernt worden, kann er sich ein Leben lang negativ auswirken, und bei jeder Gelegenheit, die zur Auslösung einer Furchtreaktion Anlass gibt, wird es stets aufs Neue zu den oben beschriebenen körperlichen Auswirkungen kommen.

Bei dem auslösenden Reiz kann es sich um einen äußeren Umweltreiz handeln, die bloße Vorstellung einer Gefahr reicht dazu aber ebenfalls aus.

Für eine spätere Löschung mit der GOA-Methode ist es wichtig, dass bei der Furchtkonditionierung neue Netzwerke in der Amygdala regelrecht eingebrannt werden. Diese neuen Zellverbände können auch bei einer Löschung nicht getilgt, sondern nur in ihrer Auswirkung zeitweilig behindert werden (LeDoux). Eine vorübergehende Unterbindung der Konditionierung kann beim Golfen auch dann erfolgen, wenn zum Beispiel plötzlich wieder gute Schläge über Wasser gelingen.

In extremen Stress-Situationen entfaltet die Furchtkonditionierung jedoch wieder ihre volle Wirkung. Ein sehr wichtiges Turnier oder ein erneuter Fehlschlag nach einer Reihe gelungener Schlägen kann eine solche Stress-Situation darstellen.

Daraus folgt, dass bei einer einmal durchgeführten Furchtkonditionierung immer wieder Desensibilisierungen mit Hilfe der GOA-Methode erforderlich sein können.

Die Verbindung zwischen der Amygdala und dem Denk-Gehirn

Zwischen der Amygdala und dem Denk-Gehirn (Neokortex) besteht ein dichtes neuronales Netz. Daniel Goleman bezeichnet die Verbindungen zum präfrontalen Kortex treffenderweise als „neuronale Autobahn" und als „Alarmanlage des Gehirns". Die Amygdala erhält hierüber nicht nur Informationen vom Denk-Gehirn, sondern projiziert auch zu diesem zurück (siehe dazu die Abbildungen 6 u. 7).

Da die neuronalen Bahnen von der Amygdala zum Denk-Gehirn stärker ausgelegt sind als umgekehrt, kann man davon ausgehen, dass die Amygdala den Neokortex auch massiver beeinflusst als umgekehrt. Die Emotion beherrscht somit das Denken.

Über Denkvorgänge können leicht Emotionen ausgelöst werden. Wenn uns jedoch Emotionen überfluten, fällt es uns schwer, allein über Denkprozesse die Emotionen wieder herunterzufahren. Deswegen greifen die vielfach geäußerten Empfehlungen, die zum Abschalten des Denkens führen sollen, meistens zu kurz.

Wenn es einem trotzdem wirklich gelingen sollte, den Verstand abzuschalten und sich sozusagen „leer" zu machen, bleibt dann immer noch die Auswirkung der Furchtkonditionierung mit ihrem unbewusstem Einfluss auf die emotionale Erregung und die Muskelverspannung zurück. Hierzu ein Beispiel:

In einem laufenden Turnier begeben Sie sich zum ersten Abschlag, der von Zuschauern umlagert ist, und wollen sich auf Ihren Start vorbereiten. Die Ihnen vertrauten Versagensängste vor Zuschauern wollen Sie heute vermeiden und versuchen deshalb, sich mit positiven Gedanken abzulenken. Entsprechend der geschilderten Mechanismen der Furchtkonditionierung ist Ihre Amygdala aber längst schon über den „*kurzen Weg*" an Ihrem Bewusstsein vorbei aktiviert worden, und zwar durch den bloßen

Anblick der Zuschauer. Die emotionale Reaktion nimmt ihren Lauf und Ihre Muskulatur befindet sich schon in erheblicher Anspannung. Vielleicht kommt es auch zu einer Erhöhung Ihres Blutdrucks und der Herzfrequenz, und Selbstzweifel und Furcht schleichen sich unwillkürlich in Ihr Bewusstsein. Selbst wenn es Ihnen jetzt noch gelingen sollte, sich während des Abschlages von negativen Gedanken frei zu machen, kann es wegen Ihrer wahrscheinlich immer noch verkürzten Muskulatur zu einem Fehlschlag kommen. Dies ist eine der typischen Situationen, in denen dann oft der Satz „Beim Golfen lernt man Demut" fällt.

Amygdala und Muskelverspannung

Nachdem die Amygdala die Abwehrreaktion gestartet hat, wird durch die zuständigen Strukturen des Hirnstammes eine Anspannung der Muskulatur initiiert. Durch die Abwehrreaktion wird auch der automatische Ablauf des Golfschwungs gestört. Diese automatische motorische Programmierung für das sichere Treffen des Golfballs bei den verschiedenen Schlägen ist im Putamen, einem Bestandteil der Basalganglien, abgelegt. Die Programmierung ermöglicht eine automatisierte Schlagbewegung, ohne dass sich der Golfer hierüber noch Gedanken machen muss.

Bei den Basalganglien handelt es sich um eine größere Gruppe von Nervenzellen, die sich in den tieferen Schichten der Großhirnhemisphären befinden. Sie spielen eine wichtige Rolle bei der Regulation von Bewegungen. Allerdings sind die Basalganglien sehr eng mit dem emotionalen Gehirn verbunden. Durch Furcht oder andere Emotionen des Abwehrverhaltens wird somit die Muskelspannung verändert, wodurch eine Störung in der zeitlichen Abstimmung des Bewegungsablaufes verursacht werden kann. Das treffsichere motorische Programm des Putamens wird durch den Output der Amygdala dadurch so behindert, dass der Schwung sich verändert.

Da das emotionale Abwehrverhalten der Amygdala oft unbewusst arbeitet, kann der Golfer dann einfach nicht verstehen, warum es zu einem verunglückten Schlag gekommen ist.

Die emotional-mentale Paradoxie

Die beiden Resultate der Abwehrreaktion – erhöhte Muskelanspannung und Beeinflussung der automatischen motorischen Programmierung des Golfschwungs – führen zu der oben erwähnten emotional-mentalen Paradoxie des Golfens. Wenn man sein bestes Golf spielen will, ist hohe Präzision gefordert. Genau dies wird massiv behindert, wenn die Amygdala aus einer Fehldeutung heraus ihr Notfallprogramm startet und den Bewegungsablauf verändert.

Statt vor Gefahren zu schützen, führt die Amygdala uns paradoxerweise geradewegs in golferische Probleme hinein. Eben darin besteht diese Paradoxie. Somit wird eines überdeutlich:

> *Das mentale Problem der Golfer entsteht im Herzen der Amygdala.*

Deshalb wird ein mentaler Ansatz, der sich auf rein kognitiver Basis bewegt (positives Denken, Ablenken der Gedanken usw.) letztlich nur Teilerfolge bringen.
LeDoux hat zu diesem Aspekt übrigens sehr deutlich Stellung bezogen:

> *Zwar ist es leicht möglich, dass Gedanken Emotionen auslösen (indem sie die Amygdala aktivieren), doch tun wir uns schwer, willentlich Emotionen abzuschalten*

> *(indem wir die Amygdala deaktivieren). Es hilft nicht viel, wenn wir uns sagen, wir sollten nicht ängstlich oder deprimiert sein.* (LeDoux, S. 327)

Eine höhere Dimension der mentalen Bewältigungsstrategie müsste also über das Denken hinausgehend direkt auf die Emotionen und auf eine Beeinflussung der Amygdala abzielen.

Die von mir hier vorgestellte emotionale Bewältigungsstrategie der GOA-Methode geht gezielt diesen Weg und erfasst durch Abschalten der Amygdala-Reaktion sowohl die Furchtkonditionierung als auch die eingespeicherten Erinnerungen an emotionale Erregung und Erwartungsängste. Sie setzt also genau da an, wo LeDoux noch resignierte. Sie ermöglicht nämlich auf direktem Wege, Emotionen willentlich abzuschalten.

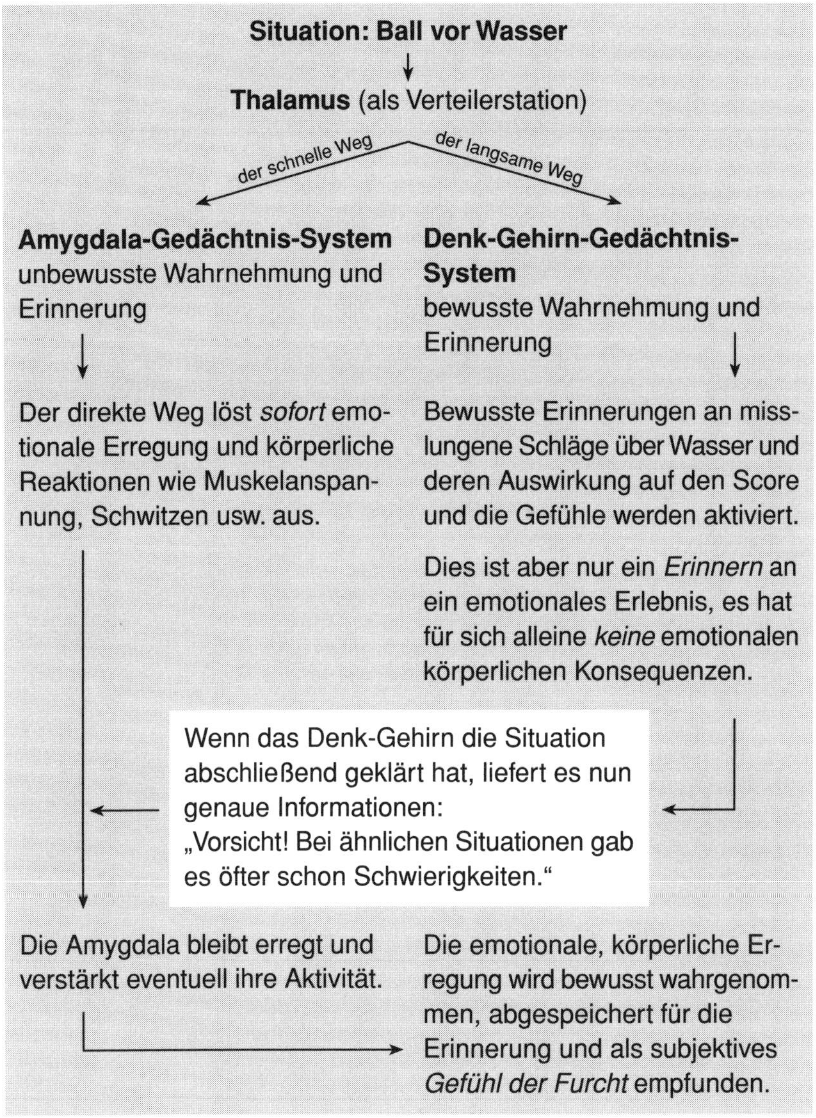

Abb. 7: Das Zusammenspiel der zwei Wahrnehmungs- und Gedächtnissysteme am Beispiel der *furchtkonditionierten* Situation „Ball vor Wasser“

Kapitel 3
Emotionsunterdrückung oder bewusste Verarbeitung von Emotionen

Wie Sie aus den bisherigen Beschreibungen ersehen können, basiert die GOA-Methode auf der aktiven Beschäftigung mit negativen Emotionen, insbesondere auf der mit Furcht oder Angst. Für eine erfolgreiche Anwendung dieser Methode sollten Sie sich möglichst auf folgende Prozesse einlassen:

- den Zusammenhang von Fehlschlägen und negativen Gefühlen akzeptieren,
- erkennen, dass auch Sie vor und während des Golfens von Ängsten, Zweifel und Befürchtungen heimgesucht werden können,
- negative Emotionen sollten Sie möglichst den dafür typischen Situationen zuordnen und in Form von Befürchtungssätzen verbalisieren,
- eine Verarbeitung der Emotionen gelingt am effektivsten, wenn Sie sich intensiv in die jeweilige Problemsituation einfühlen.

Ich kann mir gut vorstellen, dass sich so mancher mit diesen Empfehlungen schwer tut. Unsere Erziehung zielt ja bewusst darauf ab, dass wir es lernen, für das Einpassen in die soziale Umwelt über eine sozial verträgliche emotionale Selbstkontrolle zu verfügen. Daraus hat sich im Verlauf der Jahrhunderte eine Dominanz des rationalen, logischen Denkens entwickelt. Emotionales Empfinden wird als „subjektive Wahrheit" bezeichnet und muss besonders bei den Entscheidungsprozessen in der Wirtschaft dem logisch, rationalen Wissen – der „objektiven Wahrheit" – Platz machen.

Angst und Zweifel werden einem als Schwäche ausgelegt, daher meistens unterdrückt und nur selten gezeigt. Besonders Jungen werden ungewollt zur Kälte erzogen (Stöger/Reiter).

Dass diese emotionale Selbstkontrolle negative Konsequenzen für die Gesundheit haben kann, ist von H. C. Traue eindrucksvoll beschrieben worden. Die Neurowissenschaftlerin Candace B. Pert fasst diese Erkenntnis so zusammen: „Für mich ist klar, dass Emotionen eine Schlüsselrolle spielen müssen und dass die Unterdrückung von Emotionen nur Krankheiten verursacht“ (in: Traue, S. 363).

Eine emotionale Selbstkontrolle ist durch eine repressive (hemmende) Verarbeitung emotionaler Erlebnisse gekennzeichnet. Verleugnung, Unterdrückung und Verdrängung von Emotionen stehen hierbei im Vordergrund. Im Sport und hier speziell beim Golf wird eine emotionale Selbstkontrolle geradezu angestrebt und dort, wo sie erreicht ist, wird dem Golfer viel Bewunderung entgegengebracht. Praktisch alle bisherigen Empfehlungen zum Erreichen mentaler Fitness im Golfsport beinhalten Aspekte der repressiven Emotionsbewältigung. Hierzu zählen meiner Meinung nach das positive Denken und andere Strategien zur Unterdrückung unerwünschter Gedanken wie etwa abwehrende innere Dialoge, die Selbstablenkung durch angenehme Gedanken usw. (siehe hierzu Seite 26).

Bezeichnenderweise gibt es schon Diskussionen und Spekulationen darüber, ob manche Profigolfer auf der Tour der Versuchung erlegen sind, die angestrebte Dämpfung der Emotionen mit Hilfe von Betablockern zu erreichen (*Golf-Journal* 3/2001).

Die Nachteile all der emotionalen Bewältigungsstrategien, die die Repression der Emotionen zum Ziel haben, sind jedoch nicht zu übersehen. Dazu gehören:

Verstärkung negativer Gedanken durch Gedankenunterdrückung

Wie auf Seite 26 schon berichtet, belegen verschiedene Untersuchungen, dass man mit der Gedankenunterdrückung nicht zu dem gewünschten Ziel kommt, sondern dadurch die Intensität und Häufigkeit der negativen Gedanken im Gegenteil noch erhöht. Ein berühmtes Beispiel ist hier der Versuch, nicht an einen weißen Bären zu denken.

Erweiterung eines Furchtstruktur-Netzwerkes

Im Leben eines Golfers kommt es, wie die meisten von uns aus eigenem leidvollen Erleben wissen, zigmal zur Ausbildung negativer Gefühle. Die meisten dieser Gefühle werden normal verarbeitet und bleiben nicht im „Notfallschalter-Gedächtnis" der Amygdala hängen. Es gibt aber auch immer wieder Ereignisse, die uns subjektiv so stark anrühren, dass sie sich in Form einer „emotionalen Stress-Spur" im Gedächtnis einbrennen und unser so genanntes „Furchtstruktur-Netzwerk" erweitern.

Je mehr negative Stressereignisse in diesem Netzwerk gespeichert werden, desto größer ist die Gefahr, dass neue herausfordernde Situationen während des Spiels auf dem Wege der Assoziation die Erinnerung an ein früheres Mini-Trauma wachrütteln und dadurch die gleichen emotionalen Furchtreaktionen von früher hervorrufen.

Der häufigste Grund für die Entstehung eines Mini-Traumas ist laut Traue die gedankliche Unterdrückung oder gefühlsarme kognitive Verarbeitung belastender Situationen.

Golfer mit einem repressiven emotionalen Verarbeitungsstil laufen also Gefahr, mit der Zeit immer stressanfälliger zu werden, ein

Vorgang, der sich häufig unbewusst vollzieht. Man kann auch sagen, dass diese Golfer sich mit jedem (unbewussten) emotionalen Ereignis verändern. Das Paradoxe ist dabei: Diese Menschen sind nach objektiven Maßstäben (was also ihre Körperreaktion betrifft) erregt, sie selbst bemerken dies aber oft gar nicht. Ihnen wird deshalb nicht bewusst, dass sie ihre emotionale Reaktion unterdrücken. Sie fühlen sich vielmehr ruhig, besonnen und kontrolliert. Oft werden sie von ihren Mitmenschen auch so wahrgenommen.

Repressiver Verarbeitungsstil und Burn-out

Top-Spieler, die wegen ihres Pokerface und ihrer Kontrolliertheit gerühmt werden, haben offensichtlich Wege gefunden, den erhöhten inneren Stress zu kompensieren, und das bei gleichbleibend hohem Erfolgsniveau. Man kann sich aber vorstellen, dass diese Kompensationsmethoden zu einem außerordentlich hohen Verbrauch an mentaler Energie führen, der auf Dauer ein Burn-out entstehen lässt. Lee Westwood sagte hierzu treffenderweise, der Wettbewerb verbrenne einen auf Dauer (*Welt am Sonntag*, 7.10.2001).

Dieses Phänomen ist natürlich auch in anderen Sportarten zu beobachten. Ich denke hier an die Tennislegende Björn (Ice-)Borg, der auf dem Höhepunkt seiner Karriere mit der Begründung zurücktrat, er sei völlig ausgebrannt. Gerade Borg wurde wegen seiner beispiellosen Emotionskontrolle immer wieder bewundert.

Aber auch bei Golfern, die sehr kontrolliert spielen und über hoch wirksame Kompensationsmechanismen verfügen, kann es passieren, dass der berühmte Tropfen das Fass zum Überlaufen bringt. Ein bekanntes Beispiel hierfür sind nach meiner Überzeugung die dreimaligen Yips-Ereignisse bei Bernhard Langer.

Wie sich die Unterdrückung emotionaler Empfindungen (etwa die eines Grolls gegenüber einem Flight-Mitglied) im plötzlichen

Auftreten eines Yips manifestiert, habe ich selbst hautnah miterlebt (siehe hierzu Seite 167). Dieses Erlebnis deckt sich mit einem von H. C. Traue beschriebenen klinischen Beispiel. Eine Patientin, die seit Jahren unter Schreibkrämpfen litt und der wegen ihrer massiven Unterarmverspannung auch das Musizieren auf dem Cello nicht mehr möglich war, musste sich einem Stresstest unterziehen. Je stärker die Patientin versuchte, ihre inneren Gefühlsstürme, die ihr peinlich waren, zu unterdrücken, umso intensiver reagierte ihr rechter Unterarm mit Verspannungen und Krämpfen (Traue, S. 15). Dieses Testergebnis zeigt meiner Meinung nach deutlich den Weg auf, über den eine psychische Anspannung durch emotionale Unterdrückung sich zur körperlichen Symptomatik bis hin zum Yips entwickeln kann.

Nun ist es aber so, dass derjenige, der auf dem Golfplatz einen repressiven emotionalen Verarbeitungsstil praktiziert, dies nicht auch zwangsläufig in anderen Lebensbereichen tun muss. Diese situative Bedingtheit des Verarbeitungsstils spricht gegen eine rein genetisch bedingte Veranlagung der Emotionsverarbeitung. Zumindest teilweise kann man hierfür eine erlernte Verhaltensweise zugrunde legen.

Ich hoffe, die oben geschilderten Nachteile der Gefühlsunterdrückung zeigen, dass es nicht sinnvoll ist, Top-Golfern in dieser Beziehung nachzueifern, auch wenn es vordergründig so aussehen mag, als stünde ihr Erfolg im Zusammenhang mit ihrer kontrollierten Verhaltensweise.

Auch im alltäglichen Geschehen ist von einem repressiven Verarbeitungsstil abzuraten. Die Wechselwirkung zwischen *Stress, gehemmter Emotionalität* und *Krankheit* hat H. C. Traue überdeutlich dokumentiert.

Andererseits liegt es mir jedoch fern, dem ungezügelten Ausleben negativer Emotionen auf dem Golfplatz das Wort zu reden. Meistens fördern wüste Selbstbeschimpfungen oder das Werfen von

Schlägern nicht die eigene Spielqualität. Außerdem werden verstörte und frustrierte Mitspieler alles versuchen, damit sie bei zukünftigen Turnieren nicht Ihrem Flight zugeteilt werden.

Dieses Par 4-Loch ist gekennzeichnet durch ein enges Fairway, bei dem der Baumbestand auf der linken und rechten Seite jeweils die Ausgrenze bildet. Für ein Par-Ergebnis werden sowohl ein weiter Abschlag als auch ein langer zweiter Schlag benötigt, und dies bei gleichzeitig hoher Präzision. Die Furcht, ins Aus zu schlagen, ist hier wohl häufig der dominierende gedankliche Aspekt.

„Dumm golft besser“?

In jüngster Vergangenheit wurde in Golf-Journalen die Effektivität der verschiedenen Denkstile diskutiert. „Dumm golft besser“ lautete eine Behauptung, die kontroverse Diskussionen entfachte. Aus der Sicht der Emotionsforschung ergibt sich zu dieser Thematik ein eindeutiger Sachverhalt. Forscher unterscheiden hier zwischen zwei Denkstil-Richtungen, dem komplexen und dem primitiven Denkstil.

Ein komplexer Denkstil wird vorausgesetzt, wenn eine bestimmte Situation in Bezug auf die eigene Person durchdacht wird. Wenn man sich beispielsweise während des Spiels damit auseinandersetzt, welche soziale Position man in einem Flight einnimmt, wie die eigenen Gefühle in Wechselwirkung mit den Motiven und Verhaltensweisen der Mitspieler stehen und welche persönlichen Gefühle gerade die Qualität des Spiels bestimmen, dann ist diese Art des Denkens dem komplexen Denkstil zuzuordnen.

Einen primitiven Denkstil pflegt dagegen der Spieler, der es in dieser Situation vermeidet, in irgendwelche Selbstreflexionen zu verfallen. Er würde stattdessen versuchen, sich mit rein äußerlichen Dingen abzulenken, etwa mit dem Wetter, der Beschaffenheit der Fairways und Ähnlichem. Wer einen primitiven Denkstil auf dem Golfplatz praktiziert, vermeidet demnach ein Nachdenken über die herausfordernden Aspekte des Golfens auf die eigene Persönlichkeit (speziell das Ego) bezogen und will so dem Stress vorbeugen. Der Begriff „dumm golfen“ stellt also keine Wertung in Richtung auf den Intelligenzgrad dar, sondern beschreibt lediglich eine spezielle Form der Ablenkung durch Unwesentliches.

Kurzfristige Erfolge sind auf diese Weise sicherlich zu erzielen. Da es sich hierbei aber zweifelsohne um eine repressive Verarbeitungsmethode handelt, gelten für den primitiven Denkstil auch die oben beschriebenen Nachteile.

Dies belegte auch eine Studie von James Pennebaker aus dem Jahr 1990, in der untersucht wurde, inwiefern sich die beiden Denkstile auf die Gesundheit auswirken. Das Ergebnis war nicht überraschend: Personen mit primitivem Denkstil wiesen doppelt so viele Gesundheitsprobleme auf wie Personen mit komplexem Denkstil.

Während der emotional repressive, primitive Denkstil kurzfristig erfolgreicher zu sein scheint, langfristig aber Spätschäden hervorbringen kann, ist man beim komplexen Denkstil den Auswirkungen negativer Emotionen auf die Muskelspannung öfter hilflos ausgesetzt. Einen effektiveren und eleganteren Weg bietet hier die GOA-Methode.

Eingestehen negativer Gefühle bei der GOA-Methode

Im Gegensatz zu der repressiven Emotionsbewältigung geht es bei der GOA-Methode, wie zu Beginn diese Kapitels beschrieben, darum, eventuell auftretende negative Gefühle beim Golfen genau zu registrieren, sie anzuerkennen, sie zu verbalisieren, sie bewusst zu empfinden und sie dann mittels der schnellen Augenbewegungen einer effektiven Verarbeitung und Abspeicherung zuzuführen.

Wenn dies geschehen ist, verliert die Situation ihre negative emotionale Färbung. Das emotionale Gehirn büßt seine Dominanz ein und arbeitet nun harmonisch mit dem Denk-Gehirn zusammen. Dadurch wird die Situation nicht nur aus der Sicht der Emotion (Amygdala), sondern auch von Seiten des kognitiven Wissens und der Vernunft (präfrontaler Kortex) beurteilt.

Im Laufe des Verarbeitungsprozesses kann man so auch registrieren, wie die Emotionen verblassen, wie die negativen Gedanken sich verlieren und wie sich dann häufig zwanglos, ja fast wie von

Das von Bunkern und nahen Aus-Grenzen bewachte Grün erfordert Annäherungsschläge von hoher Genauigkeit. Die Furcht, das Grün zu verfehlen beziehungsweise den Ball in den Bunker oder ins Aus zu schlagen, erschwert diese Aufgabe.

selbst eine optimistische Einschätzung der Situation einstellt. Durch diese natürliche, elegante Verarbeitung negativer Emotionen wird verhindert, dass ein Mini-Trauma entsteht und sich als Blockade in den neuronalen Bahnen zwischen Amygdala und präfrontalem Kortex niederschlägt.

Die GOA-Methode versetzt Sie somit in die Lage, sich herausfordernden Situationen des Golfens mit Wachheit, Klarheit des Geistes und Zuversicht zu stellen. Sie können dabei viel über sich lernen und brauchen dabei negative Erlebnisse und die damit einhergehenden negativen Emotionen weder zu befürchten noch zu verdrängen. Stattdessen können Sie sie mit dem subjektiven Gefühl der Kontrolle bewältigen. Auf diese Weise werden Sie zum „Busfahrer Ihres eigenen Gehirns“ (Bandler*).

Testung auf repressiven Verarbeitungsstil

Wenn Sie der Meinung sind, dass eine üblicherweise mental herausfordernde Situation im Golfspiel Sie emotional kaum berührt und Sie sich hierdurch von vielen Mitspielern positiv abheben, besteht die Möglichkeit, dass Sie unbewusst einen repressiven Denkstil praktizieren.

Ob dies so ist, können Sie mit Hilfe des auf Seite 96ff. beschriebenen Muskeltests herausfinden. Stellen Sie sich dabei Situationen vor, in denen Ihnen immer wieder Fehlschläge unterlaufen, die Sie sich einfach nicht erklären können, oder Situationen, in denen Ihre Mitspieler – im Gegensatz zu Ihnen – erkennbar von Versagensängsten oder anderen negativen Gefühlen geplagt werden. Wenn diese Vorstellungen Ihren Arm beim Testen schwächen, handelt es sich dabei wahrscheinlich um Situationen, die auf der unbewussten Ebene in Ihrem Körper zu einer negativen emotionalen Reaktion führen.

Wenn eine bestimmte Golf-Situation Ihnen bewusst keinen Stress bereitet, aber auf unbewusster Ebene in Ihrem Körper eine Stressreaktion hervorruft, können Sie mit hoher Wahrscheinlichkeit davon ausgehen, dass Sie sich zumindest für das Golfen einen repressiven emotionalen Bewältigungsstil angewöhnt haben.

Auf die gleiche Weise können Sie natürlich auch testen, welchem Verarbeitungsstil Sie in ganz normalen Alltagssituationen den Vorzug geben.

---

* Richard Bandler ist Mitbegründer des Neurolinguistischen Programmierens (NLP).

Kapitel 4

Schnelle Augenbewegungen als emotionale Bewältigungsstrategie

Die Qualität unserer Gefühle bestimmt unser Denken, unser Erleben und somit unser Befinden. In der Regel ist es so, dass wir uns unsere Gefühle nicht aussuchen, sondern dass wir wahrgenommene Reize auf unsere ganz individuelle, einzigartige Weise verarbeiten und sie dann in für uns typische Gefühle umsetzen.

Diese Umsetzung geschieht in unserer persönlichen „Black Box", die aus genetischer Prägung, Erfahrungen, Erinnerungen, Furchtkonditionierungen, Glaubenssätze und anderem mehr besteht.

Die Inhalte der Black Box bestimmen daher die Gefühle, mit denen wir auf wahrgenommene Reize reagieren (Abb. 8).

Wie wir emotionell reagieren und in welchen Stimmungen wir leben, hängt von den Reizen in unserer unmittelbaren Umgebung

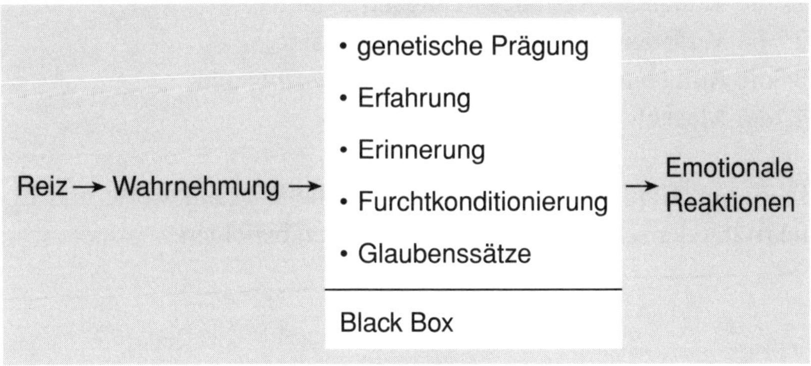

Abb. 8: Vom Reiz zur emotionalen Reaktion

und den Inhalten unserer Black Box ab. Wir sind ein Spielball unserer Umgebung beziehungsweise unserer Reizverarbeitung.

Da wir in der Regel unsere Umgebung nicht ändern können oder wollen, wäre es sinnvoll und effektiv, wenn wir lernten, die Reizverarbeitung in unserem Sinne zu dirigieren.

Bandler hat es früher so ausgedrückt: „Die meisten Menschen sind Gefangene ihres eigenen Gehirns. Sie verhalten sich, als ob sie am Hintersitz eines Busses festgekettet wären, während jemand anderes lenkt. Ich möchte, dass sie lernen, ihren eigenen Bus zu fahren" (Bandler, *Veränderung*, S. 20).

Beim Golfen treten öfter unangenehme Gefühle auf, die eine Reaktion hervorrufen, die der Qualität des Spiels abträglich ist – es kommt zu Muskelverspannungen. Also wäre es doch wünschenswert, darüber entscheiden zu können, ob die nachteiligen Gefühle überhaupt erst zur Ausprägung kommen sollen. Es geht hier also um die Frage der Wahlmöglichkeit und darum, dass Sie Fahrer Ihres „Gehirn-Busses" werden.

Mit Hilfe der GOA-Methode können Sie nun für eine bestimmte Wegstrecke das Steuer in die Hand nehmen. Die Arbeitswerkzeuge hierzu sind, wie vorher schon beschrieben:

1. die schnellen Augenbewegungen,
2. die Veränderung negativer Glaubenssätze,
3. die Aufhebung der *psychischen Umkehrung* und
4. der Muskel-Test.

In diesem Kapitel werde ich nun über die Wirkungsweise und Effektivität der schnellen Augenbewegungen berichten.

Zum Hintergrund der schnellen Augenbewegungen

Angeregt durch Hinweise aus dem NLP und der kinesiologischen Literatur über die positive Wirkung des Augenrollens bei mentalen und emotionalen Problemen, habe ich mich seit Längerem mit dieser Methode beschäftigt.

Ich hatte schon reichlich positive Erfahrung mit dem Augenrollen bei der Lösung von Alltagsproblemen und mentalen Golfproblemen gesammelt, als in der Zeitschrift *Psychologie Heute* ein Artikel von C. T. Eschenröder erschien („EMDR – das neue Therapiewunder?“, Heft 4/1997). Für mich war besonders interessant, dass im Mittelpunkt dieser neuen Behandlungsmethode ebenfalls schnelle Augenbewegungen standen.

Das von der Amerikanerin Francine Shapiro entwickelte EMDR (*Eye Movement Desensitization and Reprocessing*) ist inzwischen weltweit als hoch wirksame Kurzzeittherapie für die Behandlung schwerster Traumata anerkannt und belegt eindrucksvoll die effektive Wirkung der schnellen Augenbewegungen.

Wie Shapiro in ihren Büchern berichtet, ist die genaue Wirkungsweise des EMDR noch nicht bekannt. Als Arbeitshypothese verwendet sie das „Modell der beschleunigten Informationsverarbeitung“. Hierbei bringt sie die Wirkung des EMDR mit dem REM-Schlaf (Rapid Eyc Movcments) in Verbindung, weil dieser durch schnelle Augenbewegungen charakterisiert ist und er nach allem, was wir wissen, der Informationsverarbeitung dienen soll.

Fasziniert von dem scheinbaren Widerspruch, dass eine so einfache Übung wie das Augenrollen in ihrer Wirkung so hoch effektiv sein soll, habe ich mich intensiv den Erkenntnissen der Schlafforschung und der Neurowissenschaft zugewandt.

Meine Recherchen haben zu einem Erklärungsmodell für die Wirkungsweise des Augenrollens geführt, das ich Ihnen nun darlege.

Informations- und Emotionsverarbeitung im Schlaf

1953 hatte der Schlafforscher Eugene Aserinski in seinem Labor in Chikago festgestellt, dass unser Schlaf nicht nur aus einer gleichförmigen *Inaktivierung* der Gehirntätigkeit besteht, sondern dass in regelmäßigen Abständen Phasen elektrischer Aktivierung auftreten. Die Schlafforschung hat sich seitdem sehr intensiv mit den verschiedenen Schlafphasen beschäftigt. Daraus resultierte eine Einteilung des Schlafes in vier Stadien, wobei Stadium 1 als REM-Schlaf bezeichnet wird und der so genannte Non-REM-Schlaf die Stadien 2, 3 und 4 umfasst.

Die verschiedenen Schlafstadien werden im Laufe der Nacht wiederholt durchlaufen, wobei die REM-Phasen immer länger werden. Jeder Durchlauf dauert insgesamt etwa 90 Minuten. Im Schlaf werden die im Arbeitsspeicher des Gehirns vorhandenen Informationen aus den Erlebnissen des vergangenen Tages verarbeitet und teilweise ins Langzeitgedächtnis überführt. Der Arbeitsspeicher stellt für sich auf diese Weise wieder eine größere Aufnahmekapazität her.

Für die Informationsverarbeitung sind die Bedingungen im Schlaf optimal, weil das Gehirn nach außen hin abgeschottet ist und keine neuen Informationen aufnimmt. Die Informationsverarbeitung im Schlaf hat mehrere Ziele, die, obwohl widersprüchlich, sich nicht gegenseitig ausschließen. Diese Ziele sind:

- Verbesserung des Erinnerungsvermögens
- Vergessen von Informationen
- Regulierung von Emotionen

Auf den dritten Aspekt der Regulierung von Emotionen während des Schlafes werde ich nun näher eingehen, weil hier die Erklärung für die Wirkungsweise der schnellen Augenbewegungen zu finden ist.

Probleme überschlafen

Auch Ihnen ist sicherlich schon einmal der Rat gegeben worden, „Schlaf' erst mal eine Nacht darüber", wenn Sie sich über eine Sache oder einen Menschen sehr aufgeregt haben und Sie aus der starken emotionalen Erregung heraus spontan reagieren und handeln wollten.

Diese Empfehlung speist sich aus dem Wissen, dass Ärger meistens ein schlechter Ratgeber ist und dass nach einem oder mehrmaligem Überschlafen der Situation der Ärger in der Regel mehr oder weniger stark verflogen ist. Falls man dann überhaupt noch den Antrieb verspürt, in Aktion zu treten, kann man sich nun mit kühler Überlegung für die richtige Vorgehensweise entscheiden.

Dass negative Emotionen sich während des Schlafes verlieren, ist inzwischen in mehreren Studien eindeutig nachgewiesen worden. Unter der Überschrift „Schlechte Stimmungen einfach wegträumen" wurde in *Psychologie Heute* im Januar 2000 über mehrere Studien berichtet, in denen die Träume schlecht gelaunter Versuchspersonen mit Fortschreiten der Nacht deutlich positiver ausfielen. Wenn Sie niedergeschlagen zu Bett gehen, beginnt das Gehirn diese Stimmungen mit negativen Trauminhalten zu bearbeiten, sobald Sie eingeschlafen sind. Am Ende der Nacht ist die Arbeit dann erledigt: Die Trauminhalte werden positiver.

Meiner Meinung nach wird diese Emotionsregulierung durch die schnelle Augenbewegung im REM-Schlaf verursacht.

Biochemische Vorgänge während des Schlafes

Eine zentrale Rolle bei der Emotionsverarbeitung im Schlaf kommt der „Neurotransmitter-Bio-Wippe" zu (Hobson), die aus *Acetylcholin* auf der einen Seite und *Serotonin* auf der anderen Seite besteht. Acetylcholin ist für die Erregung des Gehirns und für die Aktivierung emotionaler Träume verantwortlich. Serotonin nimmt hingegen bei der Speicherung von Reizen im Kurz- und Langzeitgedächtnis über vielschichtige Mechanismen eine Schlüsselstellung ein (Kandel).

Im Wachzustand befinden sich Serotonin und Acetylcholin auf vergleichbar hohem Niveau. Die Konzentrationen dieser Neurotransmitter* sinken im Non-REM-Schlaf ab, ihr Verhältnis zueinander bleibt dabei jedoch konstant, und Gedächtnisbildung kann stattfinden.

Dagegen wird die Serotonin-Produktion im REM-Schlaf praktisch eingestellt. Infolgedessen sinkt dann auch die Serotonin-Konzentration drastisch ab.

---

* Neurotransmitter sind Überträgerstoffe, die der Kommunikation zwischen den Nervenzellen (Neuronen) dienen.

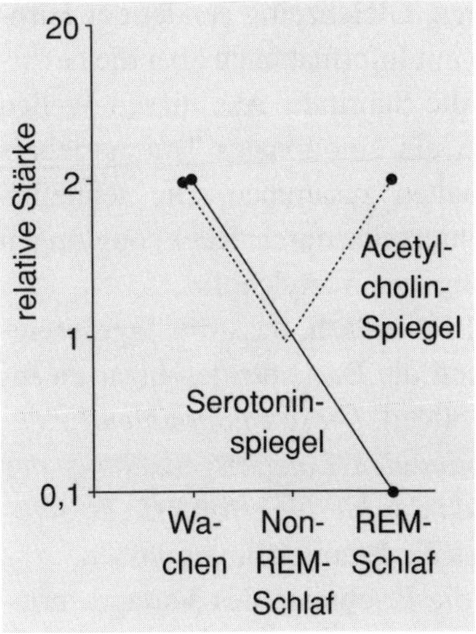

Abb. 9: „Bio-Wippe“ aus Serotonin und Acetylcholin (nach Hobson)

Die für die Acetylcholin-Bildung zuständigen Neuronen werden in dieser Phase stark aktiviert und bewirken einen Anstieg der Acetylcholin-Konzentration auf das Niveau im Wachzustand, teilweise sogar auf ein noch höheres Niveau (Abb. 9).

In der REM-Phase neigt sich die Bio-Wippe also eindeutig in Richtung Acetylcholin, das hier seine höchste Konzentration im Schlaf erreicht. Im Gegensatz dazu wird das Serotonin fast vollständig zurückgedrängt und eine Gedächtnisbildung ist nicht mehr möglich.

Der REM-Schlaf

Die vermehrte Ausschüttung des Acetylcholins im Hirnstamm während des REM-Schlafes löst Bewegungsbefehle aus, die an die entsprechenden Augenmuskeln weitergegeben werden und zu den schnellen Augenbewegungen führen. Gleichzeitig sendet der Hirnstamm mittels Acetylcholin Wellen mit Informationen über die bevorstehenden Augenbewegungen an die Sehrinde. Aus diesen Wellen des Hirnstammes setzt der Kortex ein emotionales Traumerlebnis aus verschiedenen Gedächtnisinhalten zusammen. Die schnellen Augenbewegungen verursachen ihrerseits durch Rückkopplungen zum Hirnstamm die weitere Bildung von Acetylcholin.

Der hohe Acetylcholin-Spiegel führt dazu, dass die Tagesereignisse wieder aufgerufen werden und die Basis für den bizarren Inhalt unserer emotionalen Träume bilden. *Diese emotionalen Erlebnisse können aber nicht im emotionalen Langzeitgedächtnis der Amygdala abgespeichert werden, da das hierfür erforderliche Serotonin fehlt.* Dies hat zur Folge, dass die Emotionen verblassen.

Wenn wir uns am Morgen an die Erlebnisse des Vortages erinnern, haben diese ihre emotionalen Einfärbungen mehr oder weniger verloren. Dieser Effekt verstärkt sich mit fortschreitender Zeit immer mehr, bis vergangene Ereignisse von ihrer emotionalen Bedeutung praktisch befreit sind.

Studien mit Hilfe der Computertomographie haben gezeigt, dass im REM-Schlaf das rational-logische Gedächtnissystem (Hippokampus) nur eine geringe Aktivität entfaltet, während das emotionale Gedächtnissystem, bestehend aus dem limbischen System (Amygdala), den Seh- und Hörzentren im Großhirn, einen besonders hohen Aktivierungsgrad aufweist (*Welt am Sonntag,* 7.11.99). Dies deckt sich mit den Ergebnissen der Schlafforschung, denen zufolge heftige Emotionen und unlogisches Denken die Träume der REM-Phase begleiten.

Ein weiteres Merkmal des REM-Schlafes ist das schlechte Gedächtnis für die in dieser Schlafphase durchlebten Träume. Dies erklärt sich dadurch, dass darin das für die Gedächtnisbildung unabdingbare Serotonin nicht vorliegt. Dadurch kann es im REM-Schlaf zu keiner Gedächtnisbildung kommen.

Wegen des fehlenden Serotonins kommt es in der REM-Phase stattdessen zu einer Blockade der Gedächtnisbildung und damit zum Vergessen der Erlebnisse und Informationen, die im Traum aktiviert worden sind.

Da es sich dabei um emotionale Erlebnisse handelt, werden die Emotionen verblassen. Ausgenommen sind hier lediglich Emotionen, die aus Extrem-Situationen (Traumata) herrühren, und solche, die mit Furcht-Konditionierungen zusammenhängen. Sie haben anscheinend so starke Proteinstrukturen gebildet, dass sie die Löschungsbedingungen des REM-Traumes überstehen. Um die Emotionsgehalte von Furcht-Konditionierungen zu löschen, sind spezielle Therapien wie EMDR oder die GOA-Methode erforderlich.

Der oben geschilderte Prozess, der die vermehrte Acetylcholin-Produktion und die schnellen Augenbewegungen beinhaltet, findet so lange statt, bis die im Hirnstamm ansässige Schlaf-Schaltzentrale ein Umschalten der Bio-Wippe bewirkt und wieder zur Non-REM-Phase überleitet.

Folgende Merkmale charakterisieren den REM-Schlaf:

- Vorliegen besonderer biochemischer Verhältnisse
- Herunterfahren der Serotonin-Konzentration
- Erhöhung der Acetylcholin-Konzentration
- Starke Aktivierung schneller Augenbewegungen, der Seh- und Hörzentren im Großhirn und des emotionalen Gedächtnissystems durch den erregenden Neurotransmitter Acetylcholin.
- Aktivierung der emotionalen Erlebnisse des Tages in Form von emotionalen Träumen.
- Verblassen der Emotionen, da wegen des fehlenden Serotonins keine Langzeitgedächtnisbildung stattfinden kann.

Hierin liegt auch die Erklärung für die im Volksmund gebräuchliche Empfehlung, man solle über Probleme und Ärger erst mal eine Nacht schlafen. Danach haben der Ärger und andere Emotionen zumeist an Brisanz verloren.

Emotionsverarbeitung durch die GOA-Methode

Die oben geschilderten Abläufe der Emotionsverarbeitung während des REM-Schlafes werden bei der GOA-Methode gezielt nachgebildet, und zwar durch das Vorstellen der belastenden Situationen und durch das gleichzeitige Ausführen der schnellen Augenbewegungen.

Durch das *bewusste* Arbeiten mit der Bio-Wippe lassen sich folgende Resultate erzielen:

- Furchtkonditionierungen werden gelöscht
- negative Schlag-Ergebnisse werden durch die schnelle Informationsverarbeitung sofort von ihren Emotionen entlastet
- durch Gewöhnung (Habituation) können zukünftige schwierige Spielsituationen von ihrer emotionalen Belastung befreit werden.

Durch folgende Mechanismen bewirkt die GOA-Methode die Löschung beziehungsweise Gewöhnung:

1. Desensibilisierung von zukünftigen angstbesetzten Spielsituationen (Gewöhnung) und Löschen von Furchtkonditionierungen

Durch Abfragen mit dem Muskeltest lässt sich leicht herausfinden, welche Ereignisse auf dem Golfplatz Ihnen Furcht und Angst machen. Meistens sind diese Situationen auch furchtkonditioniert. Um die Furchtkonditionierung zu löschen, können Sie wie folgt vorgehen:

Visualisieren Sie die Spielsituation in ihrem *negativen Ablauf**. Das heißt: Stellen Sie sich in Ihrem Kopfkino möglichst realistisch vor, wie Sie sich beispielsweise beim ersten Abschlag vor den Augen der Zuschauer auf den Schlag vorbereiten, wie Sie ihn anschließend ausführen und wie Sie den Ball dabei seitlich ins Aus verziehen. Auch wenn es sich „nur" um eine Vorstellung vor Ihrem geistigen Auge handelt, springt Ihr „Notfallschalter" Amygdala hierbei schon an. Es kommt dann zur Abwehrreaktion mit den in Kapitel 2 beschriebenen körperlichen Veränderungen, etwa zu dem berühmten Kribbeln im Bauch.

Wenn Sie nun unter Beibehaltung dieses imaginierten Szenarios schnelle Augenbewegungen durchführen, wie ich sie weiter unten in Kapitel 5 beschreibe (siehe Seite 107 ff.), verliert die vorgestellte Situation ihre emotionale Bedeutung, weil Sie durch die Augenbewegungen den Zustand der Bio-Wippe verändern. Mit den Augenbewegungen führen Sie bewusst den Zustand des REM-Schlafes herbei, das heißt, die Konzentration von Acetylcholin nimmt zu, die von Serotonin senkt sich hingegen auf ihren niedrigsten Stand ab.

Die Amygdala hat mit dieser Situation eine neue Erfahrung gemacht. Sie hat die Situation registriert und bewertet und keine emotionale Erregung initiiert. Es ist zu einer Gewöhnung gekommen. Diese neue Lernerfahrung überlagert nun die ältere, tiefer liegende Erinnerungsspur an die emotionale Reaktion, die früher abgelaufen ist. Durch Umstellen der Bio-Wippe wird die Furchtkonditionierung unterbunden und der Zugang zur emotionalen Erinnerungsspur in der Amygdala blockiert.

---

* Für die Löschung ist es äußerst wichtig, dass Sie sich hier erst den negativen Verlauf vorstellen. Wenn nach einigen Augenbewegungen-Sets die emotionale Reaktion ausbleibt (das lässt sich mit dem Muskeltest leicht feststellen), können Sie dazu übergehen, den positiven Verlauf der Situation mit Hilfe schneller Augenbewegungen und frei machender Glaubenssätze im Gehirn zu verankern.

Wenn Sie nach solch einem Umlern-Prozess wieder auf den Golfplatz gehen und dann in die Lage geraten, die vorher imaginierte Situation *real* durchleben zu müssen, bleibt nun die Notfallreaktion der Amygdala aus. Sie mögen sich durchaus bewusst sein, dass Ihnen früher beim Abschlag vor Zuschauern öfter Fehlschläge passiert sind, doch nun stellt sich die Furchtreaktion nicht mehr ein und die Muskelverspannungen bleiben aus. Ihre Amygdala steht nun einem präzisen Schwungablauf nicht mehr im Wege!

In besonderen Stress-Situationen kann jedoch, wie schon erwähnt, diese Blockade wieder aufbrechen. Dadurch können aufs Neue Furchtreaktionen oder Furchtkonditionierungen auftreten.

2. Löschen negativer Schlagergebnisse

Wenn Sie nach einem schlechten Schlag oder Puttversuch an diese missglückte Situation zurückdenken, sich die Bilder hierzu nochmals vors geistige Auge rufen und dabei gleichzeitig die schnellen Augenbewegungen ausführen, wird sich durch die damit bewirkte Umschaltung der Bio-Wippe keine emotionale Erinnerung in der Amygdala abspeichern. Kommen Sie danach im Laufe des Turniers nochmals in eine ähnliche Lage oder steht der nächste Putt an, wird die Amygdala keine Notfallreaktion mehr auslösen. Dass missglückte Schläge Sie im weiteren Verlauf des Turniers negativ belasten, lässt sich also vermeiden.

Zusammenfassung

Um Ihnen die Wirkungsweise der schnellen Augenbewegungen verständlich zu machen, bin ich in diesem Kapitel auf die Abläufe im REM-Schlaf näher eingegangen. Der REM-Schlaf dient unter anderem auch dazu, dass in der in ihm stattfindenden Traumphase negative Emotionen verarbeitet werden. Diese Art der Verarbeitung soll offensichtlich bewirken, dass unser Wachbewusstsein nicht lange mit negativen emotionalen Erlebnissen aus der Vergangenheit belastet wird.

Für diese Emotionsverarbeitung im Schlaf ist die Bio-Wippe der Neurotransmitter besonders wichtig. Bei dieser Wippe geht es um das Verhältnis der Konzentrationen von Acetylcholin und Serotonin im Gehirn. Das Acetylcholin ist für die Erregung des Gehirns und für die Aktivierung emotionaler Träume zuständig, während Serotonin für die Gedächtnisbildung unverzichtbar ist. In der REM-Phase neigt sich die Bio-Wippe ganz eindeutig in Richtung Acetylcholin (es erreicht hier seine höchste Konzentration im Schlaf). Im Gegensatz dazu wird das Serotonin fast vollständig zurückgedrängt.

Der hohe Acetylcholin-Spiegel führt dazu, dass die Ereignisse vergangener Tage wieder aufgerufen werden, sodass sie die Basis für den bizarren Inhalt der Träume bilden. Diese emotionalen Erlebnisse können jedoch nicht im Langzeitgedächtnis der Amygdala abgespeichert werden, da das hierfür erforderliche Serotonin nicht in ausreichendem Maße zur Verfügung steht. Das hat das allmähliche Verblassen der Emotionen zur Folge. Wenn wir uns am nächsten Tag an die Erlebnisse des Vortages erinnern, haben diese ihre emotionalen Einfärbungen mehr oder weniger verloren. Dieser Effekt verstärkt sich mit fortschreitender Zeit immer mehr, bis vergangene Ereignisse ihre emotionale Bedeutung praktisch eingebüßt haben.

Bei der GOA-Methode werden die schnellen Augenbewegungen, die im Schlaf unbewusst durchgeführt werden, bewusst eingesetzt. Währenddessen werden im Kopfkino emotional belastende Situationen aus der Vergangenheit oder solche, die in der Zukunft möglich sind, visuell erlebt. Dabei wird die Bio-Wippe aktiviert, die Konzentration des Acetylcholins zum Ansteigen und die des Serotonins zum Absinken gebracht.

Dies bewirkt:

1. Vergangene, insbesondere furchtkonditionierte Erlebnisse werden einer Löschung zugeführt, die Furchtkonditionierung wird blockiert. Im Alltag des Golfers können das frustrierende Turnierverläufe, Problemstellen an diversen Löchern, der erste Abschlag vor Zuschauern und Ähnliches sein.
2. Im akuten Spielgeschehen kann einem gerade missglückten Schlag oder Puttversuch sofort die emotionale Bedeutung genommen werden, sodass sich dieser Fehlversuch nicht als Belastung auf den weiteren Spielverlauf auswirkt.
3. Ein bevorstehendes Turnier kann emotional gecleart werden. Hierbei stellt man sich absichtlich schwierige Spielverläufe vor und versucht, die dazugehörigen Furchtempfindungen zu aktivieren. Die dabei gleichzeitig durchzuführenden schnellen Augenbewegungen bewirken eine Habituation (Gewöhnung). Wird der Golfer später mit „schwierigen" Situationen konfrontiert, die er vorher bearbeitet hat, bleibt seine Amygdala abgeschaltet und es kommt nicht zu der sonst üblichen emotionalen Reaktion mit den sie begleitenden Muskelverkürzungen.
4. Die unter 3. geschilderte Vorgehensweise kann auch auf dem Platz unmittelbar vor einem schwierigen Schlag oder Puttversuch eingesetzt werden.

Dieses Foto zeigt den Abschlag an der zweiten Bahn meines Heimatplatzes (Land-Golf-Club Schloss Moyland).
Besonders Spieler, die vom Slice befallen sind, finden hier ihren Ball öfter im rechten Aus wieder. Aber auch der frontale Bachlauf mit dem Teich an der linken Seite und das linksseitige Aus ziehen geradezu magisch die Bälle an. Hieran hat sicherlich auch eine Überkorrektur ihren Anteil, die zur Vermeidung eines Slice einen aktiven Unterarmroll hervorruft mit einem nach links verzogenen Ball.

Exkurs

Kann die GOA-Methode überhaupt so schnell wirken? – Das Apex-Problem

Ein Phänomen, auf das ich bei der Anwendung der GOA-Methode gelegentlich stoße, ist das ungläubige Staunen der Golfer. Sie können sich die schnelle und tiefe Wirkung des Verfahrens kaum vorstellen. Das geht sogar so weit, dass sie die Erfolge einer Balancierung* nicht anerkennen oder andere Erklärungen dafür suchen.

Der amerikanische Psychologe Roger Callahan – der Entdecker der „psychischen Umkehrung“ – hat diesem Phänomen den Begriff *Apex-Problem* gegeben. Er meint damit das Abwehrverhalten, mit dem Menschen mitunter auf extrem schnell wirkende Methoden reagieren. Der Begriff *Apex* wird an sich für eine geistige Spitzenleistung verwendet, während der Begriff *Apex-Problem* immer dann benutzt wird, wenn Menschen auf eine solche geistige Spitzenleistung paradox reagieren.

Ein Apex-Problem kann sich auf verschiedene Weise äußern. Entweder führen Golfer den Erfolg einer Balancierung nicht auf die GOA-Methode zurück oder suchen geradezu zwanghaft nach anderen Erklärungen dafür (wie Ablenkung durch Augenbewegungen,

---

* Emotionaler Stress bringt das energetische System des Körpers aus der Balance. Es kommt hierbei unter anderem zu einer erhöhten Muskelspannung und einer psychischen Umkehrung. In der Kinesiologie wird der Begriff „balancieren“ für Vorgänge verwendet, in denen der Körper durch gezielte Übungen wieder sein energetisches Gleichgewicht erreicht.

Placebo-Wirkung, etc.). Manchmal haben sie auch vergessen, dass sie vor dem Balancierungsprozess überhaupt ein Problem hatten, oder sie behaupten im Nachhinein, ihr Problem sei nur halb so schlimm gewesen. Eine momentan erzielte positive Wirkung mögen sie vielleicht anerkennen, befürchten aber, ihr Problem werde bestimmt bald wieder auftreten.

Eine Erklärung für dieses Abwehrverhalten oder eine anfängliche Skepsis ist sicherlich in der Einfachheit der Methode zu suchen, aber auch in der teilweise an Wunder grenzenden Geschwindigkeit, mit der sich Erfolge einstellen. In vielen Köpfen steckt die Überzeugung: Ein Problem, das schon länger besteht, muss zu seiner Auflösung auch eine lange Zeit erfordern und eine aufwändige Methode. Ich habe auch manchmal den Eindruck, es gibt einige Golfer, die nach einer erfolgreichen Balancierung nicht mehr zugeben wollen, dass sie beim Golfen – der schönsten Nebensache der Welt – so etwas wie Furcht oder Angst empfunden haben.

Ich will betonen, dass ein Apex-Problem die positiven Veränderungen, die die GOA-Methode bewirken kann, *nicht* unterdrückt. Es könnte aber verhindern, dass Sie die GOA-Methode für sich nutzbringend einsetzen, weil Sie unbewusst auf zwanghafte Art nach anderen Erklärungen für die beobachteten Effekte suchen.

Meiner Meinung nach macht ein Apex-Problem auch das Auftreten einer psychischen Umkehrung wahrscheinlicher. Wegen dieser negativen Folge sollten Sie überprüfen, ob Sie „Apex-Problem-Glaubenssätze" verinnerlicht haben. Falls dem so ist, empfehle ich Ihnen, diese einschränkenden Glaubenssätze durch effektive, freimachende Glaubenssätze zu ersetzen, denn dadurch würden Sie sich in die Lage versetzen, die GOA-Methode vorurteilsfrei auszuprobieren und sie in ihrer vollen Wirkkraft zu erleben.

Das Annehmen der positiven Glaubenssätze fällt Ihnen sicherlich leichter, wenn Sie sich vor Augen halten, dass das Herzstück der GOA-Methode – die schnellen Augenbewegungen – die natürliche Methode der menschlichen Emotionsverarbeitung ist. Sie nutzen das, was sich in der Natur und in der Evolution als sinnvoll erwiesen hat, absichtsvoll für Ihre golferischen Belange, als ob es speziell dafür maßgeschneidert worden wäre.

Wie Sie Glaubenssätze austesten und verändern können, ist ab Seite 128 genauer nachzulesen. An dieser Stelle will ich Ihnen nur schon einmal die zwei Arten von Glaubenssätzen gegenüberstellen und Ihnen zeigen, welche Sätze sich in der Praxis des Golfens positiv bewährt haben:

Einschränkende Glaubenssätze	**Freimachende Glaubenssätze**
„Erfolgreiche Methoden für meine mentalen Golf-Probleme müssen komplex und zeitaufwändig sein.“	„Ich bin offen für neue Erfahrungen.“ „Ich bin offen für neue Methoden, auch wenn sie einfach anmuten und äußerst schnell wirken.“

Kapitel 5

Die GOA-Methode in der Praxis

Die theoretischen Grundlagen der GOA-Methode habe ich Ihnen in Kapitel 2, 3 und 4 vorgestellt – hier werde ich jetzt auf die praktischen Aspekte eingehen. Dazu werde ich zuerst die vier Säulen, auf denen die Methode basiert, im Einzelnen beschreiben, damit Sie sich mit der Anwendung der jeweiligen Schritte vertraut machen können.

Die vier Säulen sind:
1. der Muskeltest
2. die Korrektur einer psychischen Umkehrung (PU)
3. die schnellen Augenbewegungen
4. die Glaubenssätze

(In den Kapiteln 6 und 7 finden Sie diese vier Bausteine dann zusammengefasst und ineinandergreifend dargestellt.)

Der Muskeltest

Wie in Kapitel 2 geschildert, führt Furcht oder die Aktivierung einer Furchtkonditionierung zu einer Reaktion der Amygdala, die dann eine Körperreaktion wie die Muskelverspannung zur Folge hat. Über verschiedene Bahnen, insbesondere über die sympathischen autonomen Nervenbahnen, wird die Muskelspindel informiert und dadurch eine Veränderung des Muskeltonus und der Spannung der Muskelfaszien herbeigeführt. Dabei kommt es zu einer Schwächung der Muskulatur.

Diese Körperreaktion können Sie sich bei der mentalen Vorbereitung dadurch zunutze machen, indem Sie durch den Muskeltest mit Hilfe eines Partners oder durch den Armlängen-Selbsttest überprüfen, welche Situationen auf dem Golfplatz Ihnen Stress bereiten und welche nicht. Beide Testvarianten funktionieren praktisch wie ein Lügendetektor: Sie fragen Ihren Körper durch das Vorstellen bestimmter Situationen oder das Aussprechen bestimmter Sätze, ob diese Ihnen Stress bereiten, und der Körper gibt Ihnen die richtige Antwort. *Der Körper lügt nicht* heißt treffenderweise auch John Diamonds wegweisendes Buch über das Muskeltesten.

Der Muskeltest mit Partner

Als Indikator wird hierfür der Deltamuskel* an der vorderen Seite der Schulter verwendet.

So führen Sie den Test durch:
1. Schritt: Tester und Testperson stehen einander gegenüber. Die Testperson streckt den linken Arm waagerecht zur Seite, die Handfläche zeigt zum Boden, der Ellbogen sollte während des gesamten Testvorganges durchgedrückt bleiben.
2. Schritt: Der Tester legt zur Stabilisierung seine linke Hand auf die rechte Schulter der Testperson, während seine rechte Hand auf dem linken Handgelenk der Testperson aufliegt (siehe Abb. 10).
3. Schritt: Wenn der Tester „Halten" sagt, übt die Testperson mit dem linken Arm einen Gegendruck gegen die rechte Hand des Testers aus.

---

* Das Muskeltesten könnte auch mit jedem anderen Körpermuskel durchgeführt werden. Meistens wird hierfür aber der Deltamuskel verwendet, weil er am einfachsten zu testen ist. Um der Einfachheit willen verwende ich statt der vollständigen Bezeichnung „Deltamuskeltest" die verkürzte Form.

Wenn der Tester den Gegendruck verspürt, drückt er den Arm mit steigendem Druck für kurze Zeit (2 bis 3 Sekunden) nach unten. Dabei merkt der Tester, ob die Testperson dem Druck standhalten kann oder ob sie mit einem schwachen Muskel reagiert. In der Regel reagiert der Muskel stark.

4. Schritt: Nach diesem Leerversuch versetzt sich die Testperson nun intensiv in die belastende Golfsituation und spricht den dazugehörigen Befürchtungssatz, den sie sich vorher überlegt hat, laut aus (siehe Tabelle 2, ab Seite 113).

Nun versucht der Tester wieder, den Arm herunterzudrücken. Dies wird auch leicht gelingen, wenn diese Situation auf die Testperson einen Stress ausübt.

Eine Veränderung der Muskelkraft beweist, dass sich auch in der realen Situation auf dem Golfplatz die Muskelspannung verändern wird – mit allen negativen Auswirkungen auf die Schlagpräzision.

5. Schritt: Wenn nun die Testperson eine Desensibilisierung mit den schnellen Augenbewegungen erfolgreich durchführt, wird der Armmuskel im nachfolgenden Test stark bleiben. Eine Beeinflussung der Muskelspannung und der Schlagpräzision tritt in der jetzigen Verfassung nicht mehr auf.

Als Tester kann ein Freund oder ein Mitglied Ihrer Familie agieren. Wenn diese Person bisher noch keine Erfahrung mit dem Muskeltesten besitzt, kann er sie sich diese Erfahrung durch einige Basisübungen aneignen (siehe dazu Tabelle 1 auf den nächsten Seiten). Der Muskeltest kann auf die gleiche Weise auch bei der Korrektur der psychischen Umkehrung oder bei der Arbeit mit Glaubenssätzen eingesetzt werden.

Abb. 10: Der Deltamuskeltest

Tabelle 1: Basisübungen für den Muskeltest

Für die einzelnen Übungen gehen Sie zu Beginn jeweils wie auf Seite 96 beschrieben bis zum 3. Schritt vor. Wenn der Arm im Leerversuch stark bleibt, üben Sie wie folgt weiter:

1. Der Nein-Ja-Test	
a) Die Testperson sagt nun „Nein". Der Tester versucht nach der Aufforderung „Halten", den Arm der Testperson herunterzudrücken. Normalerweise wird der Muskel hierbei schwach testen, weil das „Nein" ein Stressreiz ist.	b) Jetzt wird ein erneuter Test durchgeführt, wobei die Testperson diesmal „Ja" sagt. Der Arm sollte jetzt stark sein.

2. Der Namenstest	
a) Die Testperson sagt „Ich heiße …“ und spricht dabei ihren Vornamen aus. Der Arm wird stark testen.	b) Das umgekehrte Ergebnis erhält man, wenn die Testperson diesmal sagt „Ich heiße…“ und nennt hierbei einen beliebigen Vornamen. Die ausgesprochene Unwahrheit übt Stress auf das Unterbewusstsein aus und führt somit zur Schwächung des Muskeltonus.

3. Der Smiley-Test	
a) Die Testperson schaut einen Smiley an. Der Arm wird stark testen.	b) Ein schwacher Arm resultiert, wenn die Testperson danach in ein Gesicht mit herabhängenden Mundwinkeln schaut.

Der Selbsttest

Ob man sich überhaupt selbst testen kann, ist unter Kinesiologen umstritten. Die bisherigen Untersuchungen hierzu berichten von Trefferquoten, die je nach Untersucher zwischen 50 und 95 Prozent schwanken. Das größte Problem liegt wohl darin, dass man bei einem Selbstversuch nicht immer offen für das Ergebnis ist, sondern Wunschvorstellung daran hegt. Eine offene und unvoreingenommene Haltung ist aber Voraussetzung für ein korrektes Muskeltesten. Ich empfehle Ihnen trotzdem, den Selbsttest auszuprobieren und dabei zu versuchen, eine Haltung der Offenheit und Neutralität einzunehmen.

Es gibt verschiedene Vorschläge zum Selbsttesten. Ich selbst habe gute Erfahrungen mit dem Armlängenreflex-Test nach Raphael van Assche gemacht. Bei diesem Test sollten Sie so vorgehen:

1. Schritt: Sie breiten zuerst die Arme aus, als wollten Sie jemanden umarmen. Dann führen Sie die Arme so zusammen, dass Ihre Daumen parallel nebeneinander liegen. Normalerweise befinden sich nun die Daumen parallel auf gleicher Höhe (siehe Abb. 11, negativer Test).
2. Schritt: Nun denken Sie intensiv an eine für Sie problematische Golfsituation. Versuchen Sie, sich die Situation bildlich vorzustellen und sprechen dabei den dafür typischen Befürchtungssatz (siehe Tabelle 2 ab Seite 113). – Nun führen Sie wieder den oben beschriebenen Selbsttest durch und prüfen die Lage der Daumen. Negativer Stress führt zu einer Armlängendifferenz. Diese wird dadurch angezeigt, dass Ihre Daumen nun auf einmal nicht mehr parallel zueinander, sondern deutlich versetzt nebeneinander liegen (positiver Test).

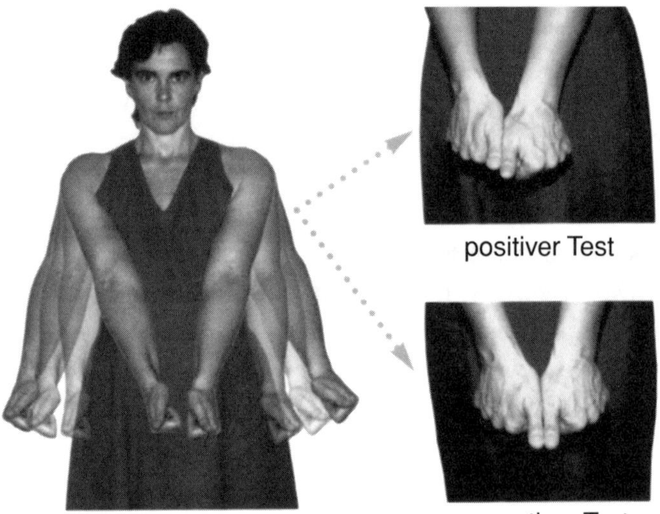

Abb. 11: Der kinesiologische Test nach Raphael van Assche
Aus: R. Banis, *Psychosomatische Energetik*. Abdruck mit freundlicher Genehmigung der CO'MED Verlagsgesellschaft, Sulzbach im Taunus.

3. Schritt: Führen Sie nun die *schnellen Augenbewegungen* solange durch, bis die Daumen beim Selbsttest wieder parallel nebeneinander liegen.

Dieses Testergebnis demonstriert sehr eindrucksvoll, dass schon die bloße Vorstellung einer „schwierigen" Situation auf dem Golfplatz in Ihrem Körper eine Stressreaktion auslöst, die sich an der Armlängendifferenz ablesen lässt.

Eine wirklich erlebte Stressreaktion auf dem Golfplatz wird mit Sicherheit zur gleichen Körperreaktion mit Armlängenverschiebung führen. *Diese Armlängendifferenz ist die Ursache für viele missglückte Schläge und Puttversuche!*

Auch hier gilt wieder, dass Sie den Selbsttest auch bei der Behebung der psychischen Umkehrung und der Überprüfung der Glaubenssätze einsetzen können.

Blockade

Es kann passieren, dass Sie manchmal nicht testbar sind, das heißt, Ihr Armmuskel bleibt auch bei der Vorstellung negativer Situationen stark oder es kommt nicht zu einer Armlängendifferenz. Auch kann der Muskel während des Testens einfach abschalten. Meistens werden Sie wieder testbar, wenn Sie sich entspannen, tief durchatmen und ein Glas Wasser trinken.

Die Korrektur einer psychischen Umkehrung

Die Problematik der psychischen Umkehrung (PU) wurde von dem amerikanischen Psychologen Roger J. Callahan bei der Behandlung einer Patientin mit Ess-Sucht entdeckt. Er fand heraus, dass diese Patientin sich bei dem Gedanken an einen Gewichtsverlust gestresst fühlte (beim Muskeltest), aber bei dem Gedanken an eine Gewichtszunahme stressfrei blieb. Tief in Ihrem Unterbewusstsein wollte sie also nicht wirklich abnehmen, sondern stattdessen noch mehr zunehmen. Callahan fand diese Art der Selbstblockade dann bei all seinen Patienten, bei denen die Behandlung keine Fortschritte erzielte. Nachdem er diese Beobachtung an Tausenden von Fällen bestätigen konnte, formulierte er daraus das *Callahan'sche Gesetz*:

> *Wenn sich ein Mensch im Zustand der Psychologischen Umkehrung befindet, ist es ihm unmöglich, auf eine sonst wirksame Behandlungsweise positiv zu reagieren. Ist die Umkehrung behoben, kann der Mensch auf eine wirksame Behandlung ansprechen.**

Diese Eigensabotage bewirkt, dass der hiervon heimgesuchte Mensch, je nachdem, wie stark sie sich bei ihm ausprägt, mehr oder weniger zu seinem schlimmsten Feind wird und sich gegen sich selbst wendet. Auch bei Sportlern, und hier besonders wohl bei den Golfern, ist dieses Phänomen der psychischen Umkehrung anzutreffen. Die Wahrscheinlichkeit hierfür steigt mit dem Leistungsgrad und scheint eine Art Barriere gegen weitere Leistungssteigerungen darzustellen. Die PU ist beim Sportler mit dem Begriff „Leistungstief" gleichzusetzen. So sehr der Sportler sich auch bemüht, er kann in dem Zustand der PU sein Leistungspotential einfach nicht abrufen.

Die psychische Umkehrung ist somit gewissermaßen eine Form der Selbstablehnung, die möglicherweise nur einen bestimmten Bereich wie eben das Golfspielen erfasst. In der massiveren Aus-

---

* Aus *Der unwiderstehliche Drang*, Seite 44. In diesem 1991 auf Deutsch erschienenen Buch hat Callahan noch den Begriff *Psychologische Umkehrung* verwendet. Erst vor wenigen Jahren hat er ihn durch *psychische Umkehrung* ersetzt.

prägung kann sie sich aber auch auf die gesamte Persönlichkeit auswirken.

Die von Callahan entwickelte Form der Behandlung, die ich zum Teil für die GOA-Methode übernommen habe, besteht aus dem Aussprechen von Affirmationen der Selbstakzeptanz bei gleichzeitigem Beklopfen des Meridianpunktes Dünndarm 3 (Abb. 12). Das Beklopfen ist eine hoch wirksame Behandlungsmethode aus der Energetischen Psychologie. Dieser neue Zweig der Psychologie versteht psychische Probleme als Störungen der Energiesysteme im Körper. Heilungen und Veränderungen finden hier auf der energetischen Ebene statt und lassen sich oft verblüffend schnell erreichen. Die schnelle Behebung der PU können Sie unmittelbar an dem veränderten Muskeltest-Ergebnis ablesen.

Die verschiedenen Formen der psychischen Umkehrung lassen sich mit den folgenden Methoden beheben:

Globale psychische Umkehrung (GPU)

Ob eine GPU vorliegt, die sich auf viele Bereiche Ihres Lebens auswirkt, können Sie wie folgt überprüfen:

1. Sie sprechen den Satz „Ich will erfolgreich sein" laut aus und lassen von einem Partner den Muskeltest durchführen oder führen den Selbsttest aus.
   Wenn der Muskel schwach testet oder eine Armlängendifferenz auftritt, liegt höchstwahrscheinlich eine GPU vor.
2. Um dies abzusichern, sagen Sie nun den Satz: „Ich will versagen" und wiederholen den Muskeltest. Wenn der Arm jetzt stark testet, ist damit das Vorhandensein der GPU nachgewiesen.
   Dieses Testergebnis sollten Sie nicht allzu wörtlich interpretieren. Es ist noch nicht geklärt, ob man bei einer PU unbewusst

das Problem haben will oder ob hiermit ein umgekehrter Energiefluss zum Ausdruck kommt.

3. Eine wirksame Aufhebung der GPU erreichen Sie, indem Sie den Satz „Ich akzeptiere mich voll und ganz mit all meinen Problemen und Grenzen" dreimal laut wiederholen und gleichzeitig mit den vier Fingern der rechten Hand im Einsekundenrhythmus großflächig auf den Akupunkturpunkt Dünndarm 3 der linken Hand klopfen.*
   Der Akupunkturpunkt Dünndarm 3 befindet sich an der Handkante in der Beugungsfalte, die entsteht, wenn Sie Ihre linke Hand zur Faust ballen (Abb. 12).
4. Den Erfolg können Sie daran erkennen, dass nach Aussprechen des Satzes „Ich will erfolgreich sein" Ihr Arm stark testet. Nach erfolgreicher Korrektur sollten Sie im Anschluss den Test auf spezifische Umkehrung (SPU) durchführen. Dies ist sinnvoll, da sich hinter einer GPU öfters noch eine SPU verbirgt.

Spezifische psychische Umkehrung (SPU)

Die Prüfung auf Eigensabotage bei bestimmten Situationen – wie beim Schwung, Pitchen, Chippen, Putten oder beim Golfen an sich – sieht den gleichen Ablauf wie bei der globalen psychischen Umkehrung vor. Wie aus nachfolgendem Beispiel für das Chippen zu ersehen ist, werden allerdings andere Sätze verwendet:

1. Wenn beim Aussprechen des Satzes „Ich will mein mentales Problem beim Chippen überwinden" Ihr Arm stark testet, liegt keine SPU vor.

* Diese Vorgehensweise gilt für Rechtshänder. Linkshänder klopfen mit den 4 Fingern der linken Hand auf den Punkt Dünndarm 3 der rechten Hand.

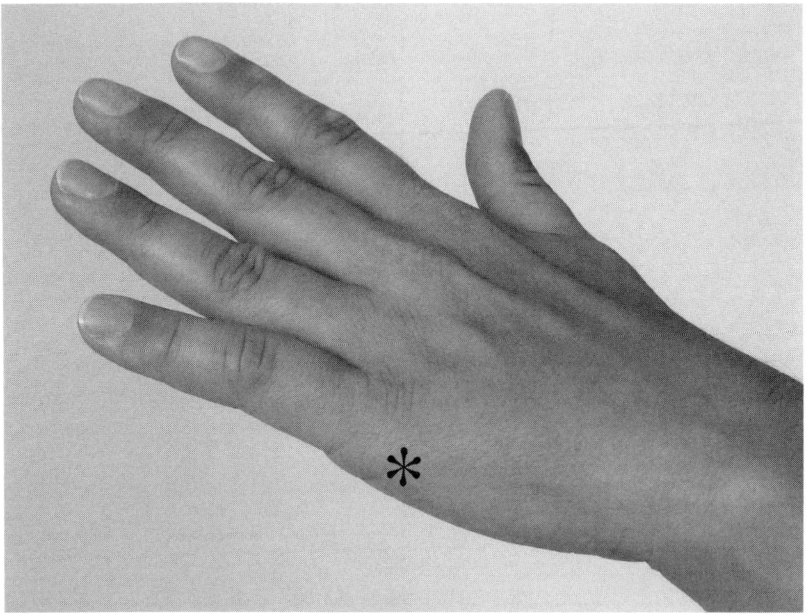

Abb. 12: Der Akupunkturpunkt Dünndarm 3

Hat der Satz jedoch zu einer Schwächung Ihres Armes geführt, sollten Sie diesen Befund absichern. Hierzu führen Sie nach Aussprechen des Satzes „Ich will mein mentales Problem beim Chippen behalten“ wieder den Muskeltest durch. Ein starker Arm bestätigt die SPU.

2. Die Korrektur erfolgt nun durch Beklopfen des Akupunkturpunktes Dünndarm 3 bei dreimaliger Wiederholung des Satzes „Ich akzeptiere mich voll und ganz, obwohl ich dieses mentale Problem beim Chippen habe“.

Eine erfolgreiche Korrektur erkennen Sie auch hier wieder daran, dass Ihr Arm bei Aussprechen des Satzes „Ich will dieses mentale Problem beim Chippen überwinden“ jetzt stark testet. Sie können dann mit der GOA-Methode fortfahren.

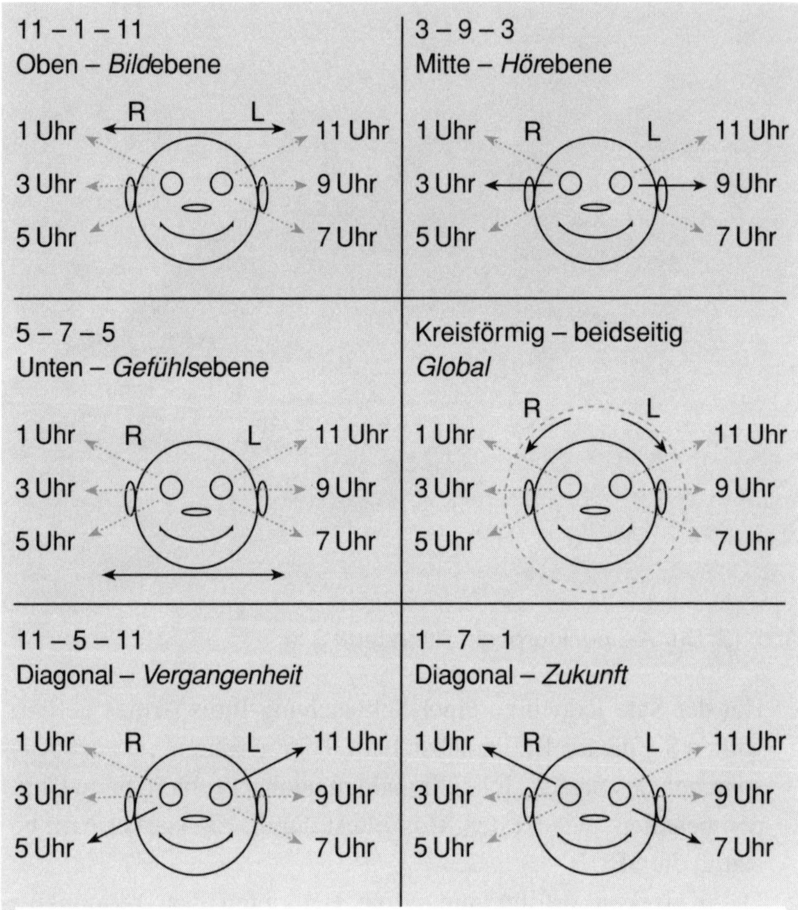

1 = Zukunft visuell	11 = Vergangenheit visuell
3 = Zukunft auditiv	9 = Vergangenheit auditiv
5 = Gefühl	7 = Innerer Dialog
R = rechte Seite	L = linke Seite

Abb. 13: Die Richtung der Augenbewegungen
Diese Anordnung der Aktivierungspunkte gilt in der Regel für Rechtshänder (von der Person aus gesehen). Bei Linkshändern findet man meistens die seitenverkehrte Gliederung.

Die schnellen Augenbewegungen

Die Arbeit mit Augenbewegungs-Mustern war lange Zeit das Synonym für NLP (Neurolinguistisches Programmieren). NLP wurde in den USA von Richard Bandler und John Grinder entwickelt und ist vor allem eine Kommunikationswissenschaft.

Bandler und Grinder hatten unter anderem entdeckt, dass sich über insgesamt sechs Aktivierungspunkte durch die jeweiligen Augenbewegungen Kontakte zu den internen Wahrnehmungs- und Verarbeitungssystemen für Sehen, Hören und Fühlen herstellen lassen.

Richtung und Geschwindigkeit der Augenbewegungen

Wie in Kapitel 4 beschrieben, lässt sich durch zielgerichtete Augenbewegungen die unbewusste und automatisch ablaufende Informations- und Emotionsverarbeitung im REM-Schlaf nachahmen. Durch die Verknüpfung der sechs Aktivierungspunkte auf verschiedenen Bahnen können Sie folgende Ergebnisse erzielen:

- Negative Gedanken lassen sich von einer Furchtreaktion trennen. Man kann also zum Beispiel Gedanken des Zweifels haben, ohne dass sich diese auf den Körper auswirken.
- Durch Gewöhnung an herausfordernde Situationen (zum Beispiel Ball vor Wasser) können Sie sich desensibilisieren, sodass der Notfallschalter Amygdala deaktiviert bleibt.
- Löschen von Furchtkonditionierungen
- Einspeichern von neuen befreienden Glaubenssätzen
- Verankern eines Wunsch-Zielbildes

Die Augenbewegungen und die verschiedenen Wahrnehmungsebenen

Beim Nachdenken oder bei Lernprozessen bewegen wir die Augen unwillkürlich und unbewusst in verschiedene Richtungen, abhängig davon, ob wir uns innerlich mit Bildern, Tönen oder Gefühlen befassen.

a) Bildebene
   Wenn wir nach oben links schauen (11 Uhr-Position), haben wir Zugang zur visuellen Erinnerung.
   Oben rechts (1 Uhr-Position) lassen sich dagegen Bilder zukünftiger Ereignisse konstruieren.

b) Hörebene
   Auf der waagerechten Ebene kann man rechts (3 Uhr-Position) die Geräusche und Töne von Situationen der Zukunft konstruieren, während auf der linken Seite (9 Uhr-Stellung) auditive Erinnerungen abgespeichert sind.

c) Gefühlsebene und innerer Dialog
   Wenn man die Augen nach unten links (7 Uhr-Position) wendet, findet man zum inneren Dialog.
   Unten rechts bekommt man dagegen Kontakt mit seinen Gefühlen (5 Uhr-Position).

Alle hier angegebenen Augenbewegungen sind in Abb. 13 dargestellt.

Deaktivierung der Amygdala

Um die Aktivierung der Amygdala zu unterbinden, sollten Sie zuerst vorrangig die Bahnen
1 nach 11 und zurück (oben – Bildebene)
3 nach 9 und zurück (Mitte – Hörebene)
5 nach 7 und zurück (unten – Gefühlsebene)
benutzen, wobei im Allgemeinen die Bildebene (11 – 1) am effektivsten ist.

Eine Augenroll-Übung sollte 25 bis 30 Hin- und Herbewegungen auf einer Richtungsbahn enthalten, also 25 bis 30 Bewegungspaare.

Wichtig ist, dass Sie den Kopf gerade ausgerichtet halten und nur die Augen bewegen.

Verwenden Sie für den Bewegungsablauf Fixpunkte wie zum Beispiel Zimmerecken, zwischen denen Ihr Blick hin und her pendeln kann.

Die ungefähre Richtungsgeschwindigkeit beträgt dabei etwa ein Bewegungspaar pro Sekunde, sodass für eine Übungseinheit eine Zeitspanne von 30 bis 60 Sekunden benötigt wird. Wenn Sie den Eindruck haben, dass die von Ihnen benutzte Blickebene noch nicht den gewünschten Erfolg bringt, sollten Sie die Richtung wechseln.

Hierbei können Sie auch auf die diagonalen Bahnen 1 – 7 und 5 – 11 zurückgreifen.

Anstatt zu prüfen, auf welcher Bahn das Augenrollen die effektivste emotionale Verarbeitung erbringt, können Sie auch die Augen rundum im Uhrzeigersinn oder gegen den Uhrzeigersinn kreisen lassen. Hierbei wiederholen Sie die Kreisbewegung 25 bis 30-mal.

Dieses Augenkreisen deckt alle sechs Aktivierungspunkte ab und erreicht dadurch in einer Übungsform *alle* Wahrnehmungs-Verarbeitungssysteme des Gehirns.

Belastende Situationen und Furchtkonditionierungen löschen

Während Sie die Augenbewegungen ausführen, stellen Sie sich die emotional belastende Situation in Ihrem Kopfkino vor und sprechen dazu lautlos den passenden Befürchtungssatz aus, als ob Sie einen inneren Dialog führen.

Da es manchen Menschen schwer fällt, sich während der Augenbewegungen auf die Situation gedanklich oder visuell zu konzentrieren, kommt dem Befürchtungssatz hier eine wichtige Funktion zu. Allein schon sein wiederholtes Aussprechen aktiviert den Teil des Furchtstruktur-Netzwerkes, in dem das Mini-Trauma oder die Furchtkonditionierung abgespeichert sind, wodurch diese jetzt für eine Verarbeitung oder Löschung zur Verfügung stehen. Die unten stehende Aufstellung soll Ihnen Hilfe bieten, welcher Befürchtungssatz für Ihre Situation der Richtige ist.

Bei der Auswahl oder der eigenen Erstellung eines Satzes sollten Sie sehr sorgfältig vorgehen, denn die Wirkung der GOA-Methode hängt auch davon ab, dass der Störfaktor *punktgenau* getroffen wird, wie das folgende Beispiel zeigt:

Etwa ein Jahr nach Erlangen meiner Platzreife geriet ich an einem heißen Sonntagmittag durch die Vergabe von Startzeiten in einen Zweier-Flight gemeinsam mit einer mir bis dahin unbekannten Golferin, die ein Handicap von 21 besaß. Schon am ersten Abschlag fühlte ich eine merkwürdige Verkrampfung, entsprechend schwach fiel auch der Schwung aus. Meine Partnerin hingegen schlug einen langen, geraden Drive. Auch bei den folgenden Schlägen änderte sich an dem Qualitätsgefälle wenig; im Gegenteil, ich wurde immer unsicherer, toppte oder traf zu fett und verzog die Bälle auch öfter ins Aus. Ich versuchte, mein schwaches Spiel zu entschuldigen, verwies auf meine kurze Spielpraxis und erklärte, dass ich sonst aber deutlich besser den Ball traf.

Obwohl meine Partnerin versuchte, mich zu beruhigen und mir auch ab und zu gute Tipps gab, kam ich aus meinem Tief nicht heraus. Ich hatte natürlich schon längst begonnen, gegen meine Nervosität und mein gesunkenes Selbstbewusstsein die schnellen Augenbewegungen zwischen den einzelnen Schlägen einzusetzen. Überraschenderweise verbesserte sich dadurch mein Spiel aber nicht wesentlich. Weder wurde ich merklich ruhiger und gelassener noch stieg mein Selbstbewusstsein. Deshalb beschäftigte mich bald die Frage, ob ich überhaupt den richtigen Stressauslöser und den richtigen Befürchtungssatz für das emotionale Clearing verwendet hatte.

Dabei kam mir die Idee, die etwas knarrende und arrogant wirkende Stimme meiner Mitspielerin als Auslöser zu testen. Für die psychische Umkehrung klopfte ich den Satz „Ich akzeptiere mich vollständig, auch wenn die Stimme meiner Golfpartnerin mir Stress bereitet.“ Als Problemsatz für die Augenbewegungen wählte ich „Die Stimme meiner Golfpartnerin stresst und verunsichert mich.“

Wie ich schnell merkte, hatte ich damit einen Volltreffer gelandet. Nach drei Augenbewegungs-Durchgängen stellte ich fest, wie meine innere Sicherheit zurückkehrte und ab der übernächsten Bahn hatte ich mein normales Spielniveau wieder erreicht. Ich machte zwar noch Fehler, aber diese hielten sich in dem für mich üblichen Rahmen. Die Meinung meiner Mitspielerin über meine golferischen Fähigkeiten war mir auf einmal gleichgültig. Dies zeigt sehr deutlich, dass man bei der Suche nach dem Stressauslöser und dem richtigen Befürchtungs- oder Problemsatz manchmal wie ein Detektiv vorgehen und dabei Kreativität einsetzen muss.

Doch zurück zu den Übungseinheiten. Sie bestehen aus
- 25 bis 30 Augenbewegungspaaren,
- der Vorstellung der belastenden Situation im Kopfkino und
- dem im inneren Dialog gesprochenen Befürchtungssatz.

Wiederholen Sie die Übungseinheiten so lange, bis ein vorher schwacher Armmuskel stark testet. Detaillierte Anleitungen hierzu finden Sie in Kapitel 6 ab Seite 143.

Einspeichern neuer Glaubenssätze und Zielvorstellungen

Wenn Sie die belastende Situation erfolgreich gelöscht haben, können Sie nun dazu übergehen, sich die positiven Zielvorstellungen für diese Situation einzuspeichern. Dazu brauchen Sie freimachende Glaubenssätze. Diese werden durch die Augenbewegungen eingespeichert. Hierfür bietet sich insbesondere die Bahn von der 1-Uhr-Position zur 7-Uhr-Position und zurück an.

In der 1-Uhr-Augenstellung befinden Sie sich auf der visuellen Ebene der Vorstellungskraft und Zukunftsfindung. Hier können Sie den neuen Glaubenssatz mit dem Bild der neuen Rolle (Ihre Zielvorstellung) zusammenbringen.

Die 7-Uhr-Augenposition führt Sie mit dem neuen Glaubenssatz und der Zukunftsvision auf die Seite der Vergangenheit, so als ob Ihre Vorstellung schon Wirklichkeit sei. Der innere Dialog hierzu wird diesen Prozess motivierend und unterstützend begleiten.

Falls Ihnen bei diesen Übungen die Augen schmerzen und sich dieser Zustand auch nach einigen Sets nicht verbessert, sollten Sie alternativ zur Klopftechnik überwechseln. Hierbei verschränken Sie die Arme so weit über dem Brustkorb, dass Ihre Hände auf Ihren Schultern aufliegen. Mit geschlossenen Augen können Sie sich nun die typische Situation in Ihrem Kopfkino bildlich vorstellen und dazu innerlich den Befürchtungs- oder Glaubenssatz sprechen. Klopfen Sie dabei mit Ihren Fingern *abwechselnd* auf die rechte und linke Schulter. Das sonstige Prozedere entspricht dem Ablauf der Augenbewegungen.

Das wechselseitige Klopfen löst unwillkürlich Augenbewegungen aus, sodass hierdurch ein den willkürlichen Augenbewegungen vergleichbarer Effekt erzielt wird.

Tabelle 2:
Problem-Situationen mit typischen Befürchtungssätzen

Problemsituation	Befürchtungssatz
1. Der erste Abschlag	
a) Zuschauer Fühlt man sich beobachtet durch das Fernsehen, durch Journalisten, Zuschauer auf der Clubhaus-Terrasse, andere Flight-Mitglieder, baut sich ein hoher Erwartungsdruck auf. Gleichzeitig kriecht die Furcht, zu versagen, in einem hoch. Das Amygdala-Furchtsystem kann Muskelverkrampfungen bis hin zur Starre auslösen.	„Ich befürchte, dass ich versage und mich blamiere".
b) Ein misslungener erster Abschlag reduziert das Selbstvertrauen. Bei einem schlechten ersten Abschlag regen sich gleich Zweifel am eigenen Können, an der Tagesform oder den Chancen, das Turnier zu gewinnen oder das Handicap zu verbessern. Dieses Wissen um die Folgen eines misslungenen	„Ich befürchte, dass bei einem schlechten ersten Abschlag das ganze Turnier für mich zum Misserfolg wird."

Problemsituation	Befürchtungssatz
ersten Abschlages führt zur Furcht und Verkrampfung.	
2. **Flight-Mitglieder** Die anderen Flight-Spieler können unterstützend und motivierend wirken, sie können das Selbstbewusstsein aber auch untergraben und einen ärgerlich und frustriert machen. Zur dieser Kategorie zählen u. a. Personen, – die einem unsympathisch sind – die viel reden und ständig ihr eigenes Spiel kommentieren – die deutlich besser spielen und das eigene Selbstbewusstsein untergraben – mit denen man in der Vergangenheit unangenehme Auseinandersetzungen hatte Ziel ist, sich aus der emotionalen Gefangenschaft durch die Mitspieler zu lösen.	„Ich befürchte, dass ich durch die Anwesenheit von … meine Spielqualität verliere.“

Problemsituation	Befürchtungssatz
3. Schläge über Wasser oder Bunker Sowohl aus eigener Erfahrung als auch aus den Schilderungen anderer Golfer und aus Zeitschriften und Büchern hat man gelernt, dass Wasser- und Bunkerhindernisse die Bälle geradezu magisch anziehen. Gerade in wichtigen, kritischen Spielsituationen überfällt uns die Furcht vor einem misslungenen Schlag und in der Regel tritt die schlimmste Befürchtung dann auch prompt ein. Die Erfahrungen der anderen Golfspieler haben meist schon eine Furchtkonditionierung ausgelöst und diese führt bei der entsprechenden Situation unbewusst zu einer Muskelverkrampfung. Die persönliche Erinnerung an viele misslungene Schläge über Wasser- und Bunkerhindernisse verstärkt die Körperreaktion noch mehr. Der Versuch, hier positives	„Ich befürchte, dass ich den Ball ins Wasser (in den Bunker) schlage.“

Problemsituation	Befürchtungssatz
Denken zu praktizieren, reicht als Gegenmaßnahme nicht aus, da die furchtkonditionierte Körperreaktion dadurch nicht aufgehoben wird. Gut gemeinte Empfehlungen wie etwa die, man solle sich vorstellen, das Wasser sei ein Fairway, greifen daher zu kurz.	
4. Schmale Fairways Ist ein Fairway relativ schmal und seitlich durch hohes Rough, Wasser, Büsche oder durch Aus-Markierungen begrenzt, stellen sich leicht Befürchtungen ein, man könne den Schlag verziehen. Öfter kommt es vor, dass man sich bestimmte Problemzonen „herausgearbeitet“ hat, an denen man immer wieder den Ball verzieht und sich den Score ruiniert.	„Ich befürchte, dass ich den Ball auch diesmal wieder nach rechts (nach links) verziehe.“
5. Negative Gedanken – Kippen der Spielqualität Die Aussage von Ian Woosnam (siehe Kapitel 1) belegt	„Ich befürchte, dass ich bald schlecht schlage und dass dann mein gutes Spiel einbricht.“

Problemsituation	Befürchtungssatz
überdeutlich, in welch hohem Ausmaß der innere Dialog Einfluss auf die Spielqualität nimmt. Schon der leise Zweifel, man würde nach bisher gutem Spielverlauf bald einen schlechten Schlag spielen, führt dazu, dass sich Furcht ausbreitet, mit allen negativen Folgen auf den Spielverlauf.	
6. **Ärger über Spielverzögerungen** Wenn es durch langsame Vorflights zu erheblichen Spielverzögerungen kommt, befürchtet man unter Umständen, dass man seinen Rhythmus verliert und schlechte Schläge die Folge sind. Jeder misslungene Schlag wird dann der Verzögerung zugeschrieben, der Ärger nimmt zu, man gerät in einen Teufelskreis.	„Ich befürchte, dass ich durch die Verzögerung aus dem Rhythmus komme und schlecht spiele.“

Problemsituation	Befürchtungssatz
7. Putten	
a) Annäherungsschläge aus längerer Distanz Im Turnier entsteht leicht die Befürchtung, dass man den Ball nicht nahe genug an die Fahne treibt und der nächste Putt aus einer kritischen Entfernung geschlagen werden muss. Dieser Gedanke kann leicht zur Verkrampfung führen, und die negativen Gedanken werden dann in Form eines ängstlichen oder zu hart geschlagenen Puttes zur Realität.	„Ich befürchte, dass ich den Ball zu kurz (zu weit) putte und der Ball in einer schwierigen Entfernung von der Fahne liegen bleibt.“
b) Wadenbeißer-Putt Bei den stressbeladenen Ein-Meter-Putts ist die Furcht zu versagen wohl am größten. Hier steht die mentale Stärke des Golfers auf dem Prüfstand. Da jeder Spieler schon öfter solche Putts nicht eingelocht hat, kann man hier sicherlich eine Furchtkonditionierung in Verbindung mit bewuss-	„Ich befürchte, dass mir dieser leichte Putt misslingt.“

Problemsituation	Befürchtungssatz
tem kognitiven Wissen über die Furchtreaktion voraussetzen.	
8. Ein misslungener Schlag nach einem sehr guten Abschlag Nach einem sehr weiten, geraden Abschlag überfällt uns die Gier und wir wollen uns nun durch einen weiten Fairwayschlag die Birdie- oder Par-Chance eröffnen. Der sich dadurch aufbauende innere Druck und/oder die Vorstellung, dass nun ein besonders hoher Krafteinsatz erforderlich ist, führt zur Verkrampfung. Ein misslungener Schlag (toppen, zu fett treffen oder verziehen) ist häufig das Resultat dieser Denkweise. Aus dieser Erfahrung heraus befürchtet man, dass nach einem guten Abschlag ein schlechter zweiter Schlag folgt.	„Ich befürchte, dass ich nach diesem guten Abschlag nun einen misslungenen Schlag produziere.“

Problemsituation	Befürchtungssatz
9. Frühes Aufblicken Für ein zu frühes Aufblicken, das oft ein Toppen nach sich zieht, können mehrere Gründe in Frage kommen: a) Die Befürchtung, man wird den Ball nicht wiederfinden, wenn man ihm nicht sofort nachblickt.	„Ich befürchte, dass ich den Ball nicht finde."
b) Man will den Ball besonders weit schlagen und möchte sich nun schnellstens davon überzeugen, dass dies auch gelungen ist.	„Ich befürchte, dass ich den Ball kürzer schlage als ich es mir vorgenommen habe."
c) Ist das Selbstvertrauen gering, kommt es häufig zu der Befürchtung, dass der Schlag misslingt. Das schnelle Hochblicken soll die Frage „Top oder Flop?" schnellstmöglich klären.	„Ich befürchte, dass mir dieser Schlag misslingt."
10. Problemschläger Mit längeren Eisen wie etwa Eisen 3, mit Hölzern und dem Driver ist es für viele Golfer problematisch,	„Ich befürchte, dass ich mit dem Driver (Eisen 3, Holz 3 u. a.) wahrscheinlich wieder einen schlechten Schlag produziere."

Problemsituation	Befürchtungssatz
eine wiederholbare Präzision zu erzielen. Misserfolge mit einem bestimmten Schläger können schnell zu Furchtkonditionierung und Furchterwartung führen. Der hieraus sich entwickelnde Teufelskreis macht erfolgreiche Schläge immer schwieriger.	
11. Schwierige Fahnenposition Schwierige Fahnenposition durch stark ondulierte Grüns lassen schnell die Befürchtung aufkommen, dass mehr Puttschläge als üblich für das Einlochen benötigt werden. Diese Befürchtungen aktivieren die Amygdala und führen unvermeidbar zur Verkrampfung.	„Ich befürchte, dass ich wegen der schwierigen Fahnenposition viele Putts benötige."
12. Schlechte äußere Bedingungen Erschwerende äußere Bedingungen wie starker Wind oder Regen lassen leicht pessimistische Gedanken	„Ich befürchte, dass der Wind (der Regen) mein Spiel negativ beeinflusst."

Problemsituation	Befürchtungssatz
aufkommen, obwohl alle Spieler im Turnier davon betroffen sind. Bei misslungenen Schlägen hadert man dennoch schnell mit dem Wetter und steigert sich in die ohnehin schon negative mentale Verfassung immer tiefer hinein. Dadurch werden Misserfolge programmiert.	
13. Schlafprobleme vor wichtigen Turnieren Große Nervosität vor einem Turnier kann sich störend auf das Einschlafen auswirken, oder man wird mitten in der Nacht wach und findet keinen Schlaf mehr. Aus den negativen Gedanken, die einem immer wieder durch den Kopf gehen, bildet man sich einen Befürchtungssatz.	„Ich befürchte, dass ich nicht einschlafen kann.“
14. Schlechte Schläge untergraben das Selbstvertrauen Misslungene Schläge können dazu führen,	„Ich befürchte, dass dieser schlechte Schlag meine Sicherheit und mein Selbstvertrauen untergräbt.“

Problemsituation	Befürchtungssatz
– dass *unmittelbar danach* sich Furcht vor weiteren Fehlschlägen ausbreitet und man Selbstbewusstsein und Sicherheit verliert. – dass sich von Golfrunde zu Golfrunde immer mehr Misserfolge in unserem Erinnerungsspeicher ansammeln, die das Selbstbewusstsein immer weiter schwächen. In diesem Zusammenhang fällt oft der Satz, beim Golfen lerne man Demut. Auch passiert es oft, dass man sich über schlechte Schläge besonders stark ärgert oder darüber verzweifelt. Diese starken emotionalen Reaktionen führen zu intensiven neuronalen Netzwerken der Erinnerung in der Amygdala und bewirken bei öfteren Wiederholungen eine Steigerung der Furchtreaktion. Es ist deshalb von größter Bedeutung, dass man wäh-	

Problemsituation	Befürchtungssatz
rend und/oder nach der Golfrunde die emotionale Erinnerung an schlechte Schläge löscht.	
15. Sorge wegen der Meinung der Mitspieler/ Zuschauer, falls man einen Fehler macht Die Furcht vor misslungenen Schlägen tritt nicht nur in Verbindung mit Gedanken an den Score auf, sondern oft auch aus Angst, sich vor den Mitspielern oder Zuschauern zu blamieren. Ein Versagen beim Golfen wird mit dem Versagen der gesamten Persönlichkeit gleichgesetzt. Es wird dabei jedoch übersehen, dass es sich beim Golfer-Selbst ja nur um einen Teilaspekt der Persönlichkeit handelt. Bei solch einer verzerrten Sichtweise drückt ein schlechtes Spiel zusätzlich auf das Selbstvertrauen und setzt die Sicherheit herab.	„Ich befürchte, dass ich mich durch schlechte Schläge blamiere.“

Die Glaubenssätze

Glaubenssätze und Überzeugungen, die wir uns über die eigene Person und unser Können gebildet haben, bestimmen in entscheidendem Maße über unseren Erfolg und Misserfolg. Der Glaube an uns selbst und an unsere Leistungsfähigkeit ist für das Erzielen einer Leistung oftmals wichtiger als die tatsächlich vorhandenen Fähigkeiten. Im Umkehrschluss bedeutet das, dass einschränkende, negative Glaubenssätze in kritischen Situationen schnell zu Unsicherheit und Selbstzweifel führen, die dann die vorhandenen Talente und Fähigkeiten untergraben. „Gut sein, wenn es zählt" hängt daher entscheidend von unseren Glaubenssätzen ab.

Deshalb will ich nun die Wirkung von Glaubenssätze beschreiben und erklären, wie sie entstehen, wie man einschränkende Glaubenssätze, die man mit sich herumträgt, herausfinden kann, und wie sie sich verändern lassen.

Wie in Kapitel 2 schon geschildert, löst die Wahrnehmung eines Reizes oder einer Situation eine emotionale Reaktion aus. Doch die Art und Weise, wie wir unsere Umwelt wahrnehmen, wird durch unsere Glaubenssätze geprägt.

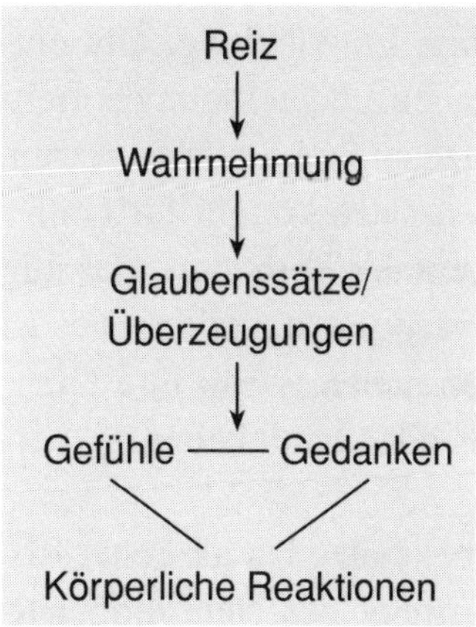

Abb. 14: Die Funktion der Glaubenssätze im Reiz-Reaktions-System

Unsere Glaubenssätze wirken wie ein Filter, durch den wir unsere Umwelt und unser Leben betrachten und wahrnehmen. Glaubenssätze beinhalten alle Überzeugungen, die wir über uns und die Welt für richtig und wahr halten. Sie bestimmen daher darüber, wie wir Dinge und Menschen beurteilen und welches Verhalten und welche Fähigkeiten wir entwickeln. Sie beeinflussen auch unsere Gesundheit, unsere Beziehungen, unsere beruflichen und sportlichen Erfolge, unser Glück, kurz: die Qualität unseres Lebens.

Glaubenssätze bilden sich meistens in der Kindheit und schließen oft die Urteile unserer Familie und des sozialen Umfeldes über unseren Wert, aber auch die Regeln und Überzeugungen unserer Eltern über die Welt und das Leben ein. Natürlich entwickeln wir auch Glaubenssätze in der Jugend und im Erwachsenenalter. Deren Inhalt wird aber häufig durch die in der Kindheit gebildeten Kern-Glaubenssätze gesteuert. Wir tragen unzählige Glaubenssätze in uns, und viele davon, vor allem die aus der Kindheit, sind uns unbewusst. Glaubenssätze haben die Tendenz, sich wie selbsterfüllende Prophezeiungen immer wieder zu bestätigen. Besonders dann, wenn unbewusste Glaubenssätze über uns selbst von einschränkender Natur sind, wirken sie wie ein Gefängnis und behindern unsere Entwicklung.

Beim Neurolinguistischen Programmieren gilt es laut Grochowiak und Haag als Ideal der persönlichen Entwicklung, alle einschränkenden Glaubenssätze zu überwinden und ressourcenorientierte, wachstumsförderliche Glaubenssätze an ihre Stelle zu setzen. Dem einschränkenden Effekt der Glaubenssätze kommt für Golfer besondere Bedeutung zu, wenn sie ihr mentales Verhalten oder ihre Fähigkeiten (zum Beispiel beim Putten) verbessern wollen. Dies ist jedoch kaum oder nur sehr schwer zu erreichen, wenn ihre Glaubenssätze, die mit den Verhaltensweisen oder Fähigkeiten in Verbindung stehen, einschränkender Art sind.

Auf die dominierende Rolle der Glaubenssätze hat als erster Robert D. Dilts, einer der bekanntesten Vertreter des Neurolinguistischen Programmierens, mit seinem Konzept der „logischen Ebenen“ hingewiesen. Dilts zufolge ist das Gehirn aus psychologischer Sicht in Form fünf unterschiedlicher Arbeitsebenen organisiert (siehe Abb. 15). Die Glaubenssätze sind auf der vierten Ebene angesiedelt und bestimmen die Entfaltung und Veränderung der auf tieferer Ebene platzierten Fähigkeiten und Verhaltensweisen.

Hat ein Golfer zum Beispiel die Überzeugung angenommen, dass er mit Holzschlägern nicht beständig und sicher schlagen kann, wird er hieran auch mit intensivem Training relativ wenig ändern können.

Oft wird auch auf die große Bedeutung des *Visualisierens* hingewiesen. Dabei sollte man sich zum Beispiel vor dem Schlag in seinem geistigen Kopfkino die Flugkurve, den Landepunkt und das Ausrollen des Balles möglichst genau vorstellen. Visualisierungsübungen werden auch für ein erfolgreiches Putten empfohlen.

Untersuchungen zu diesem Thema haben aber ergeben, dass eine große Anzahl von Sportlern trotz gelungener Visualisierung in dem

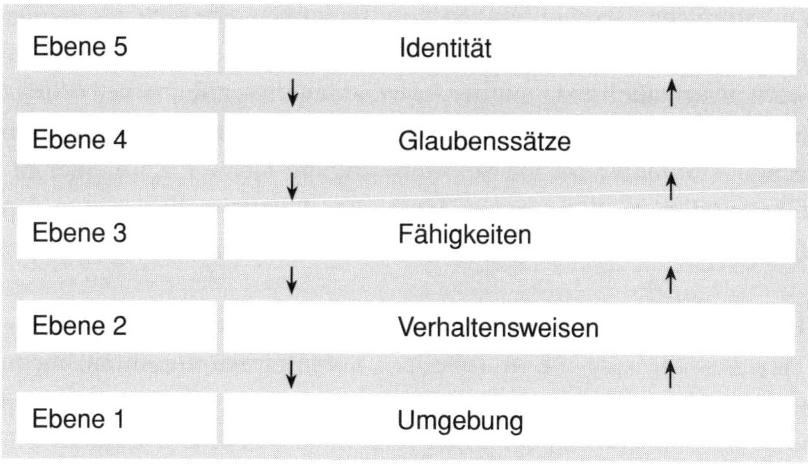

Abb. 15: Logische Ebenen der Organisation in Systemen (nach Dilts, 1993)

nachfolgenden Wettkampf versagt. Dilts hat dazu herausgefunden, dass ein Sportler, der nicht an sich selbst glaubt, scheitern wird, auch wenn er vorher ein klares Bild von seinem Erfolg hat. Ist ein Sportler erst einmal davon überzeugt, dass er versagen wird, kann ihn demnach auch die beste Erfolgsmethode nicht von diesem Versagen abhalten (Dilts 1993, S. 40). Das eigene Verhalten kann ein Golfer also nur dann ändern, wenn er sich von seinen einschränkenden Glaubenssätzen befreit. Nur dann kann er auch Vertrauen in die eigenen Fähigkeiten aufbauen. Deshalb ist es wichtig, die einschränkenden Glaubenssätze durch positive Glaubenssätze zu ersetzen.

Das bedeutet: Wenn wir herausfinden, welche Glaubenssätze uns in problematischen Golfsituationen einschränken, und wenn es uns gelingt, sie zu ersetzen, stellen wir die Weichen für einschneidende Verbesserungen unserer golferischen Leistungen.

Ändern von Glaubenssätzen – so geht es!

Die Literatur zum Neurolinguistischen Programmieren enthält hierzu zahlreiche Beschreibungen von Techniken, die sich als erfolgreich erwiesen haben (zum Beispiel von Dilts und Grochowiak). Sie werden sich allerdings mit der Anwendung dieser Techniken schwer tun, wenn sie noch keine NLP-Erfahrung besitzen. Eine hervorragende Alternative für die Selbstanwendung bieten nach meiner Erfahrung die kinesiologischen Methoden. Hierbei sollten Sie in den folgenden Schritten vorgehen:

1. Schritt: Austesten von einschränkenden Glaubenssätzen
Sprechen Sie sich die in Tabelle 3 aufgeführten einschränkenden Glaubenssätze jeweils laut vor und lassen Sie zu jedem einzelnen Glaubenssatz von einem Partner prüfen, ob Ihr Armmuskel schwach testet. Wenn Sie niemanden haben, der Ihnen dabei behilflich ist, können Sie auch hier den Selbsttest ausführen.

Ein einschränkender Glaubenssatz, den Sie innerlich als Überzeugung angenommen haben, wird Ihren Armmuskel schwächen oder zu einer Armlängendifferenz im Selbsttest führen.

2. Schritt: Austesten von positiven Glaubenssätzen

Zu jedem getesteten einschränkenden Glaubenssatz entnehmen Sie jetzt aus der rechten Spalte der Tabelle 3 den entsprechenden positiven Glaubenssatz.

Wenn Sie den jeweiligen positiven Glaubenssatz nun laut aussprechen, wird er in der Regel zu einer Schwächung des Armmuskels führen. Dies ist das Zeichen dafür, dass Sie diesen positiven Glaubenssatz noch nicht angenommen haben. Wie der schwache Armmuskel zeigt, bereitet Ihnen das Aussprechen dieses Glaubenssatzes sogar Stress.

3. Schritt: Einklopfen des positiven Glaubenssatzes

a) Denken Sie an das Ziel, das Sie in Verbindung mit dem positiven Glaubenssatz erreichen wollen (zum Beispiel an einen weiten und geraden Abschlag mit dem Driver).
b) Sprechen Sie nun den positiven Glaubenssatz zehnmal laut aus und klopfen Sie dabei mit den vier Fingern der rechten Hand im Einsekundenrhythmus großflächig auf den Akupunkturpunkt Dünndarm 3 der linken Hand („Befreiungspunkt"). Der Akupunkturpunkt Dünndarm 3 befindet sich an der Handkante in der Beugungsfalte, die entsteht, wenn Sie Ihre linke Hand zur Faust ballen (siehe Abb. 12 auf Seite 105).

Wenn Sie den Befreiungspunkt klopfen und den befreienden, positiven Glaubenssatz wiederholt aussprechen, sollten Sie dabei auch die schnellen Augenbewegungen durchführen. Geben Sie dabei der Bahn von der 1-Uhr-Position zur 7-Uhr-Position und zurück den Vorzug oder lassen Sie die Augen im Uhrzeigersinn kreisen (vgl. Seite 106).

4. Schritt: Überprüfung des positiven Glaubenssatzes

Wenn Sie den positiven Glaubenssatz nach dem Einklopfen aussprechen, wird es normalerweise nicht mehr zu einer Schwächung Ihres Armmuskels oder zu einer Veränderung in der Armlänge kommen.

5. Schritt: Nachbehandlung

Um eine dauerhafte Re-Programmierung zu erreichen, sollten Sie mit dem neuen positiven Glaubenssatz über einen Zeitraum von 31 Tagen die unter 3. beschriebene Prozedur einmal täglich durchführen. Zusätzliche Sicherheit erhalten Sie, wenn Sie die für Sie wichtigsten Glaubenssätze vor einem Turnier nochmals einklopfen.

Eine Erklärung für die Wirkungsweise des Einklopfens neuer Glaubenssätze habe ich bei Dietrich Klinghardt gefunden (Klinghardt, S. 254). Ihm zufolge aktiviert und balanciert der Akupunkturpunkt Dünndarm 3 das gesamte autonome Nervensystem. Ein Beklopfen dieses Punktes führt zu einer Entspannung aller an der Rückseite des Körpers verlaufenden Meridiane. Die Rückseite des Körpers wiederum entspricht allen unbewussten Aspekten eines Menschen.

Wird vor dem Einklopfen ein negativer einschränkender Glaubenssatz in einer bestimmten Situation aktiviert (zum Beispiel, indem man ihn ausspricht), führt dies zu einer Stressreaktion im autonomen Nervensystem. Der Stress zeigt sich durch eine Schwächung des Armes im Muskeltest.

Durch das Aussprechen des neuen, befreienden Glaubenssatzes wird nun zuerst der negative Glaubenssatz aktiviert und bewusst gemacht. Da das autonome Nervensystem durch das gleichzeitig stattfindende Beklopfen des Akupunkturpunktes Dünndarm 3 balanciert und entspannt wird, entsteht nun nicht die gewohnte Stress-Situation. Der bisherige konditionierte Reflex wird damit gelöscht.

Jetzt, da sich das autonome Nervensystem in entspanntem Zustand befindet, kann auch der positive Glaubenssatz gelernt und akzeptiert werden. Wird dieser neue Glaubenssatz später durch das

Erleben bestimmter Situationen wieder aktiviert, stellt sich mit ihm auch die gleiche Entspannungsreaktion wieder ein.

Beim Testen des Armmuskels wird dies ablesbar: Der Muskel wird jetzt stark testen.

Die gleichzeitig zum Klopfen vollzogene Augenrotation erfasst alle Teile des Gehirns, in denen die zum negativen Glaubenssatz gehörenden Erinnerungen gespeichert sind. Mit den Augenbewegungen erfolgt eine vollständige Dekonditionierung vom früher Erlernten. An dessen Stelle treten die neuen, positiven Glaubenssätze, die in allen von den verschiedenen Wahrnehmungskanälen erfassten Gehirnsegmenten abgespeichert werden.

Tabelle 3:
Negative Glaubenssätze und ihre positiven Alternativen

Negative Glaubenssätze	Freimachende Glaubenssätze
1. Wenn ich am ersten Loch versage, kann ich die ganze Runde abschreiben.	– Auch wenn mein Score am ersten Loch hoch ist, kann und darf ich ein gutes Endresultat erreichen. – Ich schaffe es, jedes einzelne Loch als neue Herausforderung anzunehmen.
2. Wenn mir der erste Abschlag misslingt, sind die Weichen für eine schlechte Golf-Runde schon gestellt.	– Auch wenn mein erster Abschlag misslingt, kann und darf ich das erste Loch und alle anderen Löcher mit einem niedrigen Score spielen. – Ich schaffe es, jeden einzelnen Schlag für sich zu spielen.

Negative Glaubenssätze	Freimachende Glaubenssätze
3. Auch wenn ich einige Löcher hintereinander gut gespielt habe, kann ich dies doch nicht durchhalten und breche regelmäßig ein.	– Ich kann und darf ein anfänglich gutes Spiel auch über die gesamten 18 Löcher beibehalten.
4. Wenn ich schon auf dem ersten Grün aus kurzer Entfernung am Loch vorbeiputte, werde ich auch das ganze Turnier beim Putten versagen.*	– Obwohl ich auf dem ersten Grün aus kurzer Entfernung schlecht geputtet habe, kann und darf ich alle weiteren Putts gut spielen.
5. Das Loch … kann ich schon von vornherein streichen, hier versage ich immer.	– Auch das Loch … kann und darf ich gut spielen. – Das Loch … ist für mich eine reizvolle Herausforderung.
6. Das Loch Nr. … liegt mir nicht.	– Ich liebe die Herausforderung von Loch Nr. … – Ich habe die Fähigkeit, auch auf Loch Nr. … gut zu spielen.
7. Das … kann ich nicht.	– Wenn andere Menschen … können, kann ich das auch lernen.

* Für weitere Glaubenssätze zum Putten siehe Kapitel 7.

Negative Glaubenssätze	Freimachende Glaubenssätze
8. An dem Wasserhindernis bei Loch Nr. … schlage ich häufig ins Wasser.	– Bei Loch Nr. … kann und darf ich sicher über das Wasserhindernis schlagen.
9. Wenn mein Ball im Bunker liegt, brauche ich in der Regel mehrere Schläge, um den Ball heraus zu bekommen.	– Ich kann und darf gute Bunkerschläge machen.
10. Ab einer Entfernung von … Metern gelingt es mir nicht, das Grün zu treffen.	– Auch ab einer Entfernung von … Metern bis zum Grün kann und darf ich es sicher treffen.
11. Ich glaube, dass ein Handicap von … meine absolute Grenze ist, die ich nicht unterspielen kann.	– Ich kann und darf ein Handicap von … unterspielen.
12. Beim Golfen lernt man Demut.	– Golf ist das ideale Feedback-System, mit dem ich die Grenzen in meinem Kopf erkennen und auflösen kann.
13. Ich bin unsportlich.	– Obwohl ich sonst unsportlich bin, kann ich ein guter Golfspieler werden.

Negative Glaubenssätze	Freimachende Glaubenssätze
14. Ich bin zu klein (zu dick, zu groß, zu schwach), um gut zu golfen.	– Unabhängig von meiner körperlichen Konstitution kann ich ein guter Golfer werden. – Obwohl ich klein (dick, ziemlich groß, ziemlich schwach) bin, kann ich ein exzellenter Golfer werden.
15. Nur Longhitter haben die Chance, ein niedriges Handicap zu erreichen.	– Um ein niedriges Handicap zu erzielen, ist ein gutes kurzes Spiel mindestens genauso wichtig wie lange Schläge.
16. Nur durch weite Schläge kann ich Anerkennung erzielen.	– Mein Wert als Mensch ist unabhängig von der Weite meiner Golfschläge. – Ich bin es wert, geliebt zu werden.
17. Wenn ich schlecht spiele, mache ich mich lächerlich.	– Auch wenn ich schlecht golfe, kann und darf ich ein intaktes Selbstbewusstsein haben.
18. Ich habe kein Talent zum Golfen.	– So wie andere Menschen gelernt haben, gut Golf zu spielen, kann auch ich dies lernen.

Negative Glaubenssätze	Freimachende Glaubenssätze
19. Im Flight bin ich immer der Außenseiter.	– Ich kann und darf mich im Flight wohl fühlen.
20. Als Golfer wirke ich lächerlich.	– Unabhängig davon, was andere denken, macht mir Golf Spaß. – Unabhängig von dem, was andere denken, spiele ich gerne Golf.
21. Golf ist ein Zeit-Killer.	– Zeit in Golf zu investieren, wird hoch belohnt.
22. Als Golfer zähle ich zum „alten Eisen“.	– Golf ist ein Geschicklichkeitsspiel mit einer großen Herausforderung für Menschen aller Altersklassen.
23. Golf ist kein Sport.	– Golf ist ein Spiel, das Spaß macht und eine große Herausforderung für mich ist.
24. Beim Turnier versage ich regelmäßig.	– Ich kann und darf auch in Turnieren mein bestes Golf spielen.
25. Ich schaffe es nicht, mein Handicap meinem eigentlichen Können anzupassen.	– Ich kann und darf auch gut sein, wenn es zählt.

Negative Glaubenssätze	Freimachende Glaubenssätze
26. Ich kann zurzeit mit Holz (mit dem Driver) keine präzisen Schläge machen.	– Ich kann und darf mit Holz (mit dem Driver) präzise Schläge ausführen. – Ich liebe das Spielen mit Holz.
27. Ich kann zurzeit mit Eisen keine präzisen Schläge machen.	– Ich kann und darf auch mit Eisen präzise Schläge durchführen. – Ich liebe das Spielen mit Eisen.
28. Es zieht mich runter, wenn Flight-Mitglieder gute Schläge produzieren oder einen guten Score spielen.	– Ich kann und darf mich ausschließlich auf mein eigenes Spiel konzentrieren.
29. Zuschauer oder andere Spieler denken geringschätzig über mich, wenn ich schlecht spiele.	– Mein Wert als Mensch ist unabhängig von meiner Fähigkeit, Golf zu spielen. – Obwohl ich schlecht golfe, bin ich ein wertvoller Mensch.
30. Mein Wert als Mensch steht in einem Zusammenhang mit der Höhe meines Handicaps.	– Mein Wert als Mensch bildet sich unabhängig von der Höhe meines Handicaps. – Obwohl ich ein hohes Handicap habe, bin ich ein wertvoller Mensch.

Negative Glaubenssätze	Freimachende Glaubenssätze
31. In der Golfszene werde ich nur geachtet, wenn ich ein niedriges Handicap aufweise.	siehe 30.
32. Alle Menschen in Sichtweite beobachten, wie ich spiele.	– Auch wenn ich beobachtet werde, kann und darf ich gute Schläge produzieren. – Meistens sind Golfer in einem Turnier auf sich selbst fixiert. – Ich liebe die Herausforderung, auch wenn ich beobachtet werde.

Die Bedeutung der unbewussten Kern-Glaubenssätze

Hinter der Tatsache, dass wir beim Golfen des Öfteren stark verunsichert sind und Angst empfinden, verbirgt sich häufig die Dynamik unbewusster einschränkender Glaubenssätze. Misslungene Schläge und ein hohes Score beunruhigen uns während der Runde natürlich wegen der vordergründigen Konsequenzen, die sie mit sich bringen, etwa eine schlechte Platzierung im Turnierergebnis und/oder die Unmöglichkeit, sein Handicaps zu verbessern.

Viel stärker wird uns die Tatsache des schlechten Spiels jedoch auf der *unbewussten* Ebene berühren. Wie aus Tabelle 4 zu ersehen ist, können schlechte Schläge im Turnier in einer Art Bedeutungskette zur erneuten schmerzhaften Bestätigung eines einschränkenden Kern-Glaubenssatzes führen. Sätze wie „Ich bin nur dann liebenswert, wenn ich erfolgreich bin“ oder „Ich bin nicht wertvoll“ oder „Ich habe kein Recht, da zu sein“ tauchen auf einmal wieder wie aus dem Nichts auf.

In unserem Unterbewusstsein kommt es dann zu einem Konflikt, weil wir einerseits diese erneute schmerzhafte Bestätigung des negativen Kern-Glaubenssatzes unbedingt vermeiden wollen, dieser Glaubenssatz andererseits jedoch mit Macht darauf drängt, sich wie eine selbsterfüllende Prophezeiung zu bestätigen. Dieser unbewusste innere Zwiespalt hat großen Anteil an der Entstehung der beim Golfen so häufig empfundenen Unsicherheit und Angst vor dem Versagen.

Deshalb hilft es meistens auch nicht viel, wenn man versucht, auf der bewussten Ebene die Konsequenz und die Bedeutung einer schlechten Golfrunde nach dem Motto: „Es gibt wichtigere Dinge im Leben“ herunterzuspielen. So lässt sich kein Druck aus dem Spiel nehmen. Ein wirklicher Fortschritt lässt sich hier nur erreichen, indem man schlechte Ergebnisse grundsätzlich auf ihre Bedeutung für die eigene Persönlichkeit hin untersucht (siehe Tabelle 4). Dabei wird man auf die so genannten einschränkenden Kern-Glaubenssätze stoßen, die man dann durch befreiende Glaubenssätze ersetzt.

Die Veränderung der Kern-Glaubenssätze sieht wie folgt aus:

1. Vom Problem zum einschränkenden Kern-Glaubenssatz
   Ausgehend von einem Problem im Turnier versuchen Sie – nach dem in Tabelle 4 gezeigten Muster –, mit Hilfe der Frage „Was bedeutet das für mich?“ den dazugehörigen Kern-Glaubenssatz aufzudecken. Dieser Kern-Glaubenssatz müsste dann im Armmuskeltest Ihren Arm schwächen oder zu einer Armlängendifferenz führen.
2. Kreieren eines positiven Kern-Glaubenssatzes
   Wenn Sie einen einschränkenden Kern-Glaubenssatz identifiziert haben, konzipieren Sie dazu das entsprechende positive, be-

freiende Korrelat. Meistens ist dies die direkte Umkehrung; so würde dann aus „Ich bin nicht liebenswert“ der positive Satz „Ich bin liebenswert.“
Auch der befreiende Kern-Glaubenssatz führt im Normalfall zuerst zu einer negativen Körperreaktion im Muskeltest.

3. Einklopfen des positiven Kern-Glaubenssatzes
   Verfahren Sie hier wie unter Schritt 3 auf Seite 129 beschrieben. Zur Überprüfung und Nachbearbeitung gehen Sie wie unter Schritt 4 und Schritt 5 auf den Seiten 129 und 130 beschrieben vor.

Die Kern-Glaubenssätze, die uns am meisten einschränken, sind in der Regel unbewusst. Deswegen kann es passieren, dass es für Sie schwierig ist, bei der Selbstbefragung auf Ihre einschränkenden Kern-Glaubenssätze zu stoßen. In diesem Fall können Sie mit Hilfe der in Tabelle 4 aufgelisteten einschränkenden Kern-Glaubenssätze austesten, welche davon Sie in Ihrem Innern so sehr angenommen haben, dass sie sich negativ auf Ihre Wahrnehmung und Ihr Handeln auswirken. Beim Austesten und Ablösen der einschränkenden Kern-Glaubenssätze gehen Sie dann so vor, wie ich für die normalen Glaubenssätze angegeben habe (siehe Seite 128).

Tabelle 4: Bedeutungskette (nach Grochowiak, 1999)
Vom schlechten Spiel im Turnier zum Kern-Glaubenssatz

Problem	„Ich spiele schlecht."	Bewusste Ebene
Frage	„Was bedeutet das für mich?"	
Konsequenz	„Ich erziele nicht den gewünschten Score und verpasse das anvisierte Handicap."	Bewusste Ebene
Frage	„Was bedeutet das für mich?"	
Glaubenssatz	„Ich bin kein guter Turnierspieler."	Bewusste Ebene
Frage	„Was bedeutet das für mich?"	
Glaubenssatz	„Ich bin ein Versager."	Bewusste/Unbewusste Ebene
Frage	„Was bedeutet das für mich?"	
↓ Kern-Glaubenssatz ↓	„Ich bin es nicht wert, da zu sein." *oder* „Ich bin nicht wertvoll."	Unbewusste Ebene

Tabelle 5: Negative und positive Kern-Glaubenssätze

Negative Kern-Glaubenssätze	**Positive Kern-Glaubenssätze**
„Ich habe keine Existenzberechtigung."	„Es ist gut für die Welt, dass ich lebe."
„Ich bin wertlos."	„Ich bin wertvoll."
„Ich bin weniger wert als andere."	„Ich bin genauso wertvoll wie andere Menschen."
„Ich bin nicht liebenswert."	„Ich kann und darf geliebt werden."
„Leben ist leiden."	„Leiden ist eine Chance für Entwicklung."
„Ich bin ein Versager."	„Ich kann und darf erfolgreich sein."
„Ich kann keine Leistung bringen."	„Ich kann und darf Leistung erbringen."
„Ich bin nicht talentiert."	„Ich besitze die für mich typischen Talente."
„Ich bin unsportlich."	„Ich kann und darf sportlich sein."
„Ich habe Angst, Grenzen zu überschreiten."	„Jede Grenze ist für mich eine Herausforderung."

Negative Kern-Glaubenssätze	**Positive Kern-Glaubenssätze**
„Ich bin ängstlich."	„Ich kann und darf mutig sein."
„Ich bin hilflos."	„Ich kann für mich selbst sorgen."
„Ich bin schwach."	„Ich bin stark."

Kapitel 6

Einsatzmöglichkeiten der GOA-Methode

In diesem Kapitel will ich nun berichten, wo und wie sich die GOA-Methode sinnvoll einsetzen lässt. Sie bietet sich besonders an für:

1. die mentale Vorbereitung eines Golf-Turniers
2. das emotionale Clearing während der Golfrunde
3. das emotionale Clearing nach einem schlechten Turnierverlauf

Mentale Vorbereitung eines Golf-Turniers

Allein schon der Gedanke an schwierige Situationen, die auf dem Golfplatz auftreten könnten, löst Emotionen aus, die unmittelbar mit einer Körperreaktion verbunden sind. Diese Körperreaktion manifestiert sich in einem Abfall des Muskeltonus und lässt sich, wie beschrieben, sehr einfach mit Hilfe des Muskeltests nachweisen. Wenn man sich nun zuhause durch Visualisierung und Sprechen eines bestimmten Befürchtungssatzes mental in eine kritische Turnier-Situation hineinversetzt und dabei gleichzeitig die Augen in der oben beschriebenen Art bewegt, verliert sich die negative Emotion in kurzer Zeit, und der Muskeltonus steigt wieder auf die normale Stärke an.

Die Normalisierung des Muskeltonus deutet an, dass der Gedanke an die belastende Situation nun nicht mehr mit einer Furchtreaktion verbunden ist und dass sich demnach auch keine unerwünschte Körperreaktion ausbildet.

Wenn das Muskeltesten aus irgendeinem Grund nicht durchführbar ist, kann hierauf auch verzichtet werden, da dieser Test für die eigentliche emotionale Bewältigung nicht benötigt wird. Er dient lediglich als Kontrolle, ob diese Bewältigung in ausreichendem Maße stattgefunden hat. Man sollte die Augenbewegungen dann so lange durchführen, bis eine negative Emotion oder ein körperliches Missempfinden fast vollständig abgeklungen ist.

Diese Desensibilisierung wirkt sowohl bei der normalen Furchtreaktion als auch bei der Furchtkonditionierung. Sie hält normalerweise lange an. Da es aber bei sehr starken Stressmomenten zu einem erneuten Auslösen der Furchtkonditionierung kommen kann, sollte man sicherheitshalber in der betreffenden Situation auf der Runde die Vorab-Desensibilisierung durch erneute Augenbewegungen unterstützen.

Ungewöhnlich erscheint Ihnen wahrscheinlich die Empfehlung, sich negative Bilder und Gedanken vorzustellen, da dies völlig konträr zu der üblichen Methode des positiven Denkens ist. Vielleicht können Sie sich mit meinem Vorschlag leichter anfreunden, wenn Sie sich klarmachen, dass es bei der GOA-Methode darauf ankommt, sich mit der Problemsituation zu konfrontieren. Diese Konfrontation geschieht aber nur in Ihrem Kopfkino, also in Ihrer Vorstellung. Die GOA-Methode ist insofern mit der Löschungstherapie nach Joseph Wolpe vergleichbar, bei der Menschen mit Angststörung so lange *direkt* mit der erschreckenden Situation konfrontiert werden, bis die emotionale Reaktion ausbleibt.

Im Unterschied zu dieser direkten Konfrontationstherapie ist die GOA-Methode meistens weniger belastend und wirkt wesentlich schneller, da die auftretenden Emotionen sofort mit den schnellen Augenbewegungen verarbeitet und gelöscht werden.

Wichtig für das Funktionieren der GOA-Methode ist die Tatsache, dass die Vorstellung einer ängstigenden Situation völlig ausreicht, um dieselbe emotionale Reaktion hervorzurufen, die das reale Erleben dieser Situation auslösen würde.

a) Die Problemsituation erkennen

Identifizieren Sie Situationen auf der Golf-Runde oder im Turnier, in denen Sie immer wieder nervös werden, wo Versagensängste zur Verkrampfung führen und Ihre Schläge „in schöner Regelmäßigkeit" misslingen! Es kann sich hier zum Beispiel um ein Loch mit vielen und schwierigen Wasserhindernissen handeln, bei dem Sie immer wieder schlecht scoren. Vielleicht erleben Sie auch häufig, dass hier ein erneutes negatives Ergebnis Ihr Selbstbewusstsein untergräbt und dass die Qualität Ihres Spiels nach diesem Loch deutlich abnimmt, sodass Sie erst nach einigen Löchern wieder zu Ihrer normalen Form finden – wenn Ihnen das überhaupt gelingt.

Das Erkennen der Problem-Situation können Sie sehr effektiv mit dem Muskeltest unterstützen. Dies gilt besonders für die Bereiche, in denen eine unbewusste Furchtkonditionierung stattgefunden hat. Hierzu stellen Sie sich bestimmte Situationen vor (auch solche, bei denen Sie keine Angst empfinden, aber öfter schon Fehlschläge registrieren mussten) und prüfen, ob Ihr Arm schwach wird bzw. ob eine Armlängendifferenz auftritt. Alle negativ empfundenen und/oder getesteten Situationen und Gedanken können Sie dann einer emotionalen Löschung zuführen.

b) Psychische Umkehrung (PU)

Bevor Sie diese emotionale Löschung durchführen, sollten Sie zunächst herausfinden, ob eine globale und/oder spezifische

Umkehrung vorliegt (siehe Seite 103ff.). Um es sich etwas leichter zu machen, können Sie aber auch sofort eine prophylaktische Regulierung vornehmen. Beklopfen Sie dazu mit den vier Fingern der rechten Hand den Akupunkturpunkt Dünndarm 3 auf der linken Hand und wiederholen Sie dabei dreimal die globale Akzeptanzformel „Ich akzeptiere mich voll und ganz mit all meinen Problemen und Grenzen“ und wiederholen Sie danach dreimal die spezifische Akzeptanzformel „Ich akzeptiere mich voll und ganz, obwohl ich *dieses Problem* habe“ (hier ist jeweils die Situation einzusetzen, die Ihnen Angst bereitet).

c) Visualisierung (Kopfkino)
Stellen Sie sich die Problem-Situation vor Ihrem geistigen Auge vor. Schauen Sie sich zum Beispiel dabei zu, wie Sie versuchen, einen Ball über ein Wasserhindernis zu schlagen, wie Sie ihn dabei aber nicht richtig treffen und wie der Ball dann im Wasser landet.

d) Gefühle und Körperempfindungen
Versuchen Sie, während der Visualisierung auch die Gefühle des Zweifels, der Unsicherheit oder der Befürchtung nachzuempfinden. Das gleiche gilt auch für Körperempfindungen, die Sie aus unangenehmen Situationen gewohnt sind, etwa das berühmte Kribbeln im Bauch, den Druck auf der Brust oder Ähnliches.

e) Der Befürchtungssatz
Finden Sie einen Satz, der Ihre Befürchtung genau in Worte fasst, wie zum Beispiel „Ich befürchte, dass ich den Ball ins Wasser schlage.“ Weitere Vorschläge für typische Sätze können Sie der Auflistung der Befürchtungssätze entnehmen (ab Seite 113).

„Land in Sicht" – und trotzdem landet der Ball in solchen Situationen oft im Wasser. Dieses Ergebnis hat in aller Regel nichts mit der erforderlichen Weite des Schlages zu tun, sondern mit der Furcht vor einem Strafschlag.

f) Schnelle Augenbewegungen mit Visualisierung, Gefühl und Befürchtungssatz

Nun bringen Sie alles zusammen, das heißt, Sie visualisieren die Problem-Situation, nehmen das dazugehörige Gefühl und/oder die Körperreaktion wahr und sprechen mit Ihrer inneren Stimme den typischen Befürchtungssatz. Dabei führen Sie die ganze Zeit über die schnellen Augenbewegungen durch.

Um eine Löschung der störenden Emotionen zu erreichen, reicht manchmal schon eine Übungseinheit von etwa 30 Sekunden aus. Grundsätzlich sollten Sie den Löschungsversuch aber erst dann beenden, wenn beim Visualisieren der Problem-Situation Ihr Arm im Muskeltest stark bleibt. Falls Ihnen das Muskeltesten nicht möglich ist, können Sie den Prozess auch dann abschließen, wenn anfängliche Furchtgefühle und Körperreaktionen so gut wie abgeklungen sind.

Als weiteren Hinweis für eine erfolgreiche Verarbeitung können Sie folgende Reaktionen werten:

- Es fällt Ihnen schwer, den Befürchtungssatz weiterhin ununterbrochen auszusprechen.
- Das Bild der Problem-Situation verblasst.
- Andere Gedanken drängen sich in Ihr Bewusstsein.
- Sie haben das Gefühl, es ist jetzt vorbei.

Wenn kein vollständiger Erfolg zu erreichen ist, verwenden Sie bitte andere Richtungen für die schnellen Augenbewegungen. Sie sollten dann auch überprüfen, ob bei Ihnen eine Wiederholung der psychischen Umkehrung eingetreten ist. Bevor Sie weitermachen muss diese dann erst wieder korrigiert werden.

g) Glaubenssätze

Mit den oben beschriebenen Schritten haben Sie eine emotionale Löschung durchgeführt. Die höchste Effektivität des inneren

Re-Programmierens erreichen Sie, indem Sie die für Sie jeweils zutreffenden negativen Glaubenssätze ermitteln und sie durch freimachende, positive Glaubenssätze ersetzen.
Hierzu entnehmen Sie Tabelle 3 (ab Seite 131) die für Ihre Problem-Situation zutreffenden negativen Glaubenssätze. Diese sprechen Sie sich dann laut vor und führen den Muskeltest durch. Der Satz, der Ihren Arm schwächt, ist der negative Glaubenssatz, den Sie in Ihrem tiefsten Innern angenommen haben.
Prüfen Sie dann, ob der korrespondierende positive Glaubenssatz, nachdem Sie ihn laut ausgesprochen haben, ebenfalls Ihren Arm schwächt. Wenn dies der Fall ist, sprechen Sie diesen freimachenden positiven Glaubenssatz zehnmal laut aus und klopfen Sie mit den vier Fingern der rechten Hand großflächig auf den Akupunkturpunkt Dünndarm 3 (siehe Abb. 12 auf Seite 105) auf der linken Hand. Gleichzeitig sollten Sie dabei die schnellen Augenbewegungen anwenden (Bahn 1 nach 7 und zurück) und sich vorstellen, wie Sie die Spielsituation, die Sie bisher geängstigt hat, meistern.
Danach sollte Ihr Arm, wenn Sie sich den positiven als auch den negativen Glaubenssatzes laut vorsprechen, stark bleiben.
Führen Sie das Einklopfen des freimachenden Glaubenssatzes einmal am Tag durch, und das über eine Zeitspanne von 31 Tagen.
Auch ohne Identifizierung der Glaubenssätze durch das Muskeltesten können Sie eine Re-Programmierung bewerkstelligen. Dazu gehen Sie den prophylaktischen Weg und klopfen sich alle infrage kommenden positiven Glaubenssätze über einen Zeitraum von einem Monat ein.

Emotionales Clearing während eines Turniers

a) Vor einem wichtigen und/oder schwierigen Schlag

Kurz vor einem Schlag oder Puttversuch bleibt auch in einer kritischen Situation in der Regel immer noch Zeit genug, um unbemerkt einer emotionalen Reaktion vorzubeugen. Die nötige Maßnahme dauert wirklich nicht länger als ein bis zwei Minuten.

Dabei sollten Sie zuerst prophylaktisch eine etwaige psychische Umkehrung auflösen. Sprechen Sie sich dazu mit Ihrer inneren Stimme dreimal die Akzeptanzformel „Ich akzeptiere mich voll und ganz, obwohl ich dieses Problem habe“ vor (Setzen Sie in den Satz Ihr jeweiliges Problem ein). Wenn möglich, sollten Sie dabei den Akupunkturpunkt Dünndarm 3 beklopfen. Dann stellen Sie sich in Ihrem Kopfkino einen missglückten Schlag oder Puttversuch vor (möglichst direkt auf die Situation bezogen). Sprechen Sie im inneren Dialog mehrmals einen passenden Befürchtungssatz wie zum Beispiel „Ich befürchte, dass ich diesen Putt am Loch vorbeischiebe“, und vollziehen Sie dabei gleichzeitig die schnellen Augenbewegungen.

Ich empfehle Ihnen, Ihre Augen in der Richtung zu bewegen, die bei Ihren häuslichen Übungen die effektivste Wirkung erzielt hat. In der Regel dürfte dies die Augenbewegung in Kreisform oder Bahn 11–1–11 sein.

Wenn Ihnen wegen der Turniersituation die Visualisierung eines missglückten Schlages nicht gut gelingt, reicht es in vielen Fällen aus, wenn Sie die Augenbewegungen nur mit den Gedanken der Furcht oder des Zweifels kombinieren. Natürlich lassen sich während eines Turniers nicht immer beliebig viele Augenbewegungs-Sequenzen durchführen. Nach meiner Erfahrung bleibt aber meist Zeit genug für eine Sequenz aus 25 bis 30 Augenpaar-Bewegungen.

Nicht ganz einfach: Mit einem halben Pitch soll der Ball den Grün-Bunker überqueren und an der kurzgesteckten Fahne mit Rückwärtsdrall landen. Hier heißt es, die Nerven zu behalten und einen gefühlvollen Schlag zu produzieren. Gelingt dies, ist dem Spieler auch der Beifall der Ballonfahrer gewiss.

Dadurch lässt sich meistens schon eine ausreichende Reduzierung der emotionalen Reaktion erzielen.

b) Nach einem misslungenen Schlag

Sicherlich haben auch Sie schon öfter die schmerzliche Erfahrung gemacht, dass ein missglückter Schlag- oder Puttversuch emotional lange Zeit nachwirkt. Im ungünstigsten Fall wirkt sich eine derartige Situation so negativ aus, dass es zu einem totalen Einbruch Ihrer Spielleistung kommt. Dann werden Sie im weiteren Turnierverlauf nicht mehr zu Ihrer normalen Form zurückfinden.

Um dies zu verhindern, sollten Sie ein negatives Schlagerlebnis in möglichst unmittelbarer zeitlicher Nähe emotional löschen. Hierzu gehen Sie wie folgt vor: Sie stellen sich den real verunglückten Schlag- oder Puttversuch in Ihrem Kopfkino vor. Sprechen Sie innerlich einen Befürchtungssatz („Ich befürchte, dass aus diesem schlechten Versuch ein Einbruch meines Spiels resultiert") und tätigen Sie dabei gleichzeitig die schnellen Augenbewegungen (mindestens eine Sequenz).

In der Regel bietet sich bis zum nächsten Schlag eine Gelegenheit, in der Sie diesen Löschungsversuch vornehmen können, ohne dass die anderen Flight-Mitglieder oder Zuschauer etwas davon bemerken. Wenn Sie die Möglichkeit haben, sollten Sie auch hier vor der Löschung einer psychischen Umkehrung vorbeugen. Dazu wiederholen Sie im inneren Dialog dreimal die Akzeptanzformel „Ich akzeptiere mich voll und ganz, auch wenn ich gerade beim Putten (Chippen, Pitchen, Abschlag, usw.) versagt habe." Falls es unbemerkt möglich ist, beklopfen Sie dabei den Akupunkturpunkt Dünndarm 3.

Wie man sich während des Golfspiels mental auf den nächsten Schlag vorbereiten kann, illustriert das Erlebnis von Helga, die auf dem Golfplatz einmal unerwartet in einen „Kampf der Geschlechter" verwickelt wurde. Helga ist eine Golferin mit Handicap 32, die die GOA-Methode beherrscht und sie schon öfter erfolgreich für die verschiedenen mentalen Problembereiche des Spiels eingesetzt hat. Beim Monatsteller-Turnier kam sie per Losentscheid in einen Flight mit den zwei spielstarken Golfern Jürgen (Handicap 8) und Rainer (Handicap 19). Schon bei den ersten Bahnen war für Helga spürbar, dass sie von ihren Flightpartnern mit wohlwollender Herablassung behandelt wurde. Ihre Schläge wurden zwar auch mit Lob bedacht, aber „richtiges" Golfen fand nur dann statt, wenn die beiden Männer zum Zuge kamen.

Als Helga ein Nachlassen ihrer Selbstsicherheit und Spielqualität bemerkte, praktizierte sie unauffällig zwischen ihren Schlägen die GOA-Methode. Sie klopfte den PU-Satz „Ich möchte auch im Flight mit Jürgen und Rainer selbstsicher und gut golfen." Für die schnellen Augenbewegungen verwendete sie den Satz: „Ich befürchte, dass Jürgen und Rainer mich total herunterziehen." Der Erfolg stellte sich nach wenigen Minuten ein und war dann auch deutlich von Helgas Scorekarte abzulesen. Absurderweise musste sie später sogar Rainer Trost spenden, der ab der 10. Bahn plötzlich völlig von der Rolle war und sich davon auch bis zum Spielende nicht mehr erholen konnte.

Emotionales Clearing nach einem schlechten Turnierverlauf

Wenn Sie nach einem Turnier frustriert über Ihre Leistung sind und mit sich hadern oder von Selbstzweifel befallen werden, rate ich Ihnen, zuhause das Turnier mit der GOA-Methode nachzuarbeiten. Dadurch werden Sie erreichen, dass dieses negative Erlebnis seine emotionalen Nachwirkungen so schnell als möglich verliert. Dann bleibt auch Ihr Selbstbewusstsein intakt.

Die Vorgehensweise sollte hier die Folgende sein: Überprüfen Sie, ob der schlechte Turnierverlauf zu einer psychischen Umkehrung geführt hat. Wenn ja, korrigieren Sie dies, wie auf Seite 104 beschrieben. Erinnern Sie sich visuell an besonders misslungene Aktionen und versuchen Sie dabei, die negativen Gefühle nachzuempfinden, die ursprünglich mit dem Misserfolg verbunden waren. Machen Sie die schnellen Augenbewegungen dazu. Dies praktizieren Sie so lange, bis ein vorher schwacher Arm beim Muskeltest stark bleibt.*

In ähnlicher Weise können Sie dann auch Ihre negativen Empfindungen bezüglich des Turnierergebnisses bearbeiten. Vergegenwärtigen Sie sich all Ihren Frust, Ihre Enttäuschungen, Selbstzweifel usw., aber auch die Reaktionen anderer Menschen – eventuell auch die der Medien – auf Ihre enttäuschende Leistung. Während Sie sich all das ins Gedächtnis zurückholen, vollziehen Sie gleichzeitig die schnellen Augenbewegungen. Das angestrebte Ziel besteht auch hier wieder darin, Ihre negativen Gefühle zum Verblassen zu bringen, und im Muskeltest sollen Sie wieder einen starken Muskeltonus feststellen können.

Vergessen Sie nicht, sich auch die positive Glaubenssätze einzuklopfen. Welche Sätze für Sie die richtigen sind, können Sie sich aus Tabelle 3 ab Seite 131 aussuchen.

Auch hier möchte ich Ihnen die Anwendung der GOA-Methode verdeutlichen mit einem Beispiel aus meinem persönlichen Bekanntenkreis. Die 48 Jahre alte Anne spielt seit sieben Jahren mit großer Begeisterung Golf. Ihr Handicap liegt bei 25 und hierauf ist

---

* Wenn ein Muskeltesten nicht möglich ist, sollten Sie die Augenbewegungen so lange durchführen, bis eine negative emotionale und körperliche Reaktion ausbleibt oder nur noch ganz schwach feststellbar ist (siehe auch Seite 148). Natürlich können Sie auch auf die sonstigen Hinweise für eine abgeschlossene Verarbeitung achten.

sie ziemlich stolz. Sie trainiert regelmäßig, auch unter Anleitung eines Pros. Von ihrem Talent und ihrem Trainingseifer her gesehen könnte sie sogar schon ein deutlich niedrigeres Handicap haben. In Privatrunden benötigt sie öfter auch weniger als 90 Schläge. Leider kann sie diese Spielstärke in Turnieren nicht realisieren. Hier befällt sie regelmäßig eine ausgeprägte *Versagensangst*, die ihr Leistungsvermögen einschränkt.

In unserem ersten Gespräch schilderte sie mir, dass sie öfters in Nächten vor einem Turnier sehr unruhig schlafe. Im Spiel selbst kommt sie sich irgendwie minderwertig vor, oft verliert sie völlig das Gefühl für den Schwung. Sie meint dann, den Ball nicht mehr richtig treffen zu können. Während sie mir das geschildert hat, ist Anne sich plötzlich darüber gewiss geworden, dass sie sich im Turnier wie verloren fühlt. Dieses Gefühl war ihr nicht fremd, denn auch in früheren Wettkampfsituationen beim Tennis oder bei Prüfungen hatte sie öfter ähnlich empfunden.

Beim Löschen von Annes Versagensängsten sind wir so vorgegangen, wie ich es oben im Abschnitt *Mentale Vorbereitung eines Golfturniers* beschrieben habe. Gegen die psychische Umkehrung klopfte Anne den Satz: „Ich akzeptiere mich voll und ganz, auch wenn ich mich im Turnier verloren fühle." Der von ihr verwendete Befürchtungssatz lautete „Ich befürchte, dass ich mich im Turnier verloren fühle, unsicher werde und versage." Der eingeklopfte Glaubenssatz war „Ich kann und darf im Turnier mein bestes Golf spielen."

Eine hohe Herausforderung für die Frau im Flight: Nicht nur Wasser und Bunker müssen vermieden werden, sondern auch Gedanken über die kritischen Blicke der beiden Mitspieler.

Kapitel 7
Das Putten

Besseres Putten durch die GOA-Methode

Über die herausragende Bedeutung des Puttens ist schon oft berichtet worden. So sind viele der Meinung, der Putt sei der wichtigste Schlag beim Golf. Die Golf-Legende Sam Snead schrieb hierzu: „Putten ist im Golf das A und O.“ Unterteilt man das Putten in drei Segmente (mechanischer Aspekt, Lesen des Grüns und mentaler Bereich), wird dem mechanischen Aspekt, der ja relativ leicht erlernbar ist, oft zuviel Zeit gewidmet.

Wenn kurze Putts am Loch vorbeigeschoben werden, stehen offensichtlich die mentalen Aspekte wie Zweifel und Angst im Vordergrund. „Was mich betrifft“, sagte Sam Snead, „so haben mangelndes Selbstvertrauen in mein Putten, einige Fehlentscheidungen und negative Gedanken mein Putten zerstört“ (Snead, S. 136).

Wie ein Pro schon feuchte Hände bekam, als er außerhalb des Golfplatzes einen Putter in die Hand nahm, habe ich selbst einmal erlebt. Sein Arm testete in dieser Situation beim Armmuskel-Test schwach. Die Summierung vieler vorbeigeschobener kurzer Putts hatte offensichtlich zu einem Mini-Trauma oder zur Furchtkonditionierung geführt. Man kann sich leicht vorstellen, welche Körperreaktionen bei ihm während des Puttens unter Druck ablaufen.

Anfänger und Jugendliche sind meistens gute Putter, bis sie im Turnier einige kurze Putts vorbeischieben. Diese negative Erfahrungen führen oftmals dazu, dass Golfer gerade bei kurzen Putts von Ängsten und Zweifeln befallen werden und dadurch verkrampft und vorsichtig putten. Aus dieser Grundeinstellung heraus erleiden

sie häufiger als normal „Fehlputts“. Diese schränken ihr Selbstvertrauen immer weiter ein.

Besonders die Longhitter neigen dazu, das Putten als ungeliebten Teil des Golfens abzuqualifizieren, weil das Putten angeblich mit dem eigentlichen Golfen nichts zu tun habe. Aufgrund solcher Meinungen sind sogar schon Überlegungen angestellt worden, ein Puttschlag sollte nur mit einem halben Scorepunkt bewertet werden.

Golfer, die mäßig bis schlecht putten, haben meistens diese Entwicklung durchlaufen. Sie haben Glaubenssätze angenommen wie „Ich bin ein schlechter Putter“, „Putten hat mit dem wirklichen Golfen nichts gemein“ oder „Bei kurzen Putts versage ich häufig“. Wenn sie dann auf dem Grün stehen und sich aufs Putten vorbereiten, tauchen Angst und Zweifel in ihnen auf, die Furchtkonditionierung nimmt von Ihnen Besitz, ohne dass sie sich dessen bewusst werden, und sie verlieren schließlich jedes Selbstvertrauen.

Diese negativen Emotionen und Gedanken führen zu Körperreaktionen, die von leichten Verkrampfungen bis zum gefürchteten Yips reichen. Der emotionale Einfluss auf die Muskulatur bewirkt, dass der Ball häufig nicht mittig getroffen wird, von der richtigen Puttlinie abweicht und das Loch verfehlt.

Hinzu kommt, dass Furchtgedanken und Zweifel unseren inneren Computer (das eingebaute Weitenmessgerät, das sogar einen guten Putt mit geschlossenen Augen ermöglicht) außer Kraft setzen. Unser Gefühl für die richtige Ballbeschleunigung geht verloren, und der Putt gerät entweder zu kurz oder deutlich zu lang.

Doch auch die Puttfähigkeit lässt sich mit Hilfe der GOA-Methode mental bearbeiten. Eine unbewusste Furchtkonditionierung kann dadurch gelöscht werden, negative Glaubenssätze in Bezug auf das eigene „putterische Können" werden durch effektive ersetzt, so dass sich ein gesundes Selbstvertrauen aufbauen kann. Im Übrigen werden die Golfer dazu gebracht, die herausragende Bedeutung des Puttens zu akzeptieren und zu lernen, es als reizvolle Herausforderung zu schätzen. Immerhin kann man gerade beim Putten seine mentale Fitness trainieren und unter Beweis stellen. Wer die massive mentale Belastung während des Puttens gut beherrscht, kann die hier beschriebenen Techniken auch auf die mentalen Herausforderungen des Alltagslebens übertragen und mit Erfolg anwenden.

Und schließlich geht es natürlich auch darum, negative emotionale Reaktionen gar nicht erst aufkommen zu lassen.

Und wie gesagt: Außer zur mentalen Vorbereitung zuhause kann die GOA-Methode auch direkt während der Golfrunde eingesetzt werden. Mit ihr können neu auftauchende Ängste im Keim erstickt werden. Eventuell misslungene Puttschläge wirken sich dann nicht negativ auf das Selbstvertrauen und auf spätere Puttversuche aus.

Die mentale Praxis

Vorausgesetzt, Sie beherrschen die Putt-Technik gut und treffen den Ball gleichmäßig in der Mitte, reduziert sich der ideale Ablauf des Puttens für Sie auf nur wenige Schritte:

- Das Grün lesen und sich für eine Puttlinie entscheiden
- Ausrichten

- Selbstvertrauen empfinden und sich über die Herausforderung des Puttens freuen
- Sich dem inneren Computer überlassen und den Ball schlagen

Die hierfür erforderliche mentale Fitness lässt sich mit der GOA-Methode und der Veränderung von Glaubenssätzen mit den nachfolgend beschriebenen Schritten erreichen.

Mentale Vorbereitung zuhause

Zum Austesten von Stress-Situationen: Finden Sie heraus, welche Situation auf dem Grün bei Ihnen eine Furchtreaktion auslöst. Dafür gibt es, je nach Problem, verschiedene Mittel und Wege:

1. Der Putter
Nehmen Sie Ihren Putter in die Hand und überprüfen Sie sofort daran anschließend mit dem Armlängen-Selbsttest Ihre Körperreaktion auf dieses In-die-Hand-Nehmen, oder lassen Sie Ihren Muskeltonus von einem Tester kontrollieren. Sollte beides nicht möglich sein, können Sie eine Furchtreaktion vielleicht auch an der Antwort Ihres Körpers erkennen (feuchte Hände, Pulsbeschleunigung, Magendrücken usw.). Wenn Sie schwach testen oder eine negative Körperreaktion empfinden, liegt wahrscheinlich eine Furchtkonditionierung vor.

Für die Löschung dieser Konditionierung können Sie die Befürchtungssätze „Putten macht mir Stress“ oder „Ich habe Angst, beim Putten zu versagen“ verwenden.

2. Misslungene Putts aus kurzen Entfernungen
Erinnern Sie sich an Situationen, in denen Sie wichtige Putts aus kurzen Entfernungen vorbeigeschoben haben. Stellen Sie sich diese

Situation vor Ihrem geistigen Auge bildlich vor und überprüfen danach wieder Ihre Armlänge oder Ihren Muskeltonus.

Bei einem negativen Test führen Sie eine Desensibilisierung mit der GOA-Methode durch. Verwenden Sie dafür den Satz: „Ich befürchte, dass ich bei kurzen Putts versage."

3. Stress in verschiedenen Putt-Situationen
Stellen Sie sich Puttsituationen auf einem Ihnen bekannten Grün mit unterschiedlichen Abständen zum Loch (1 Meter, 2 Meter, 3 Meter, 6 Meter) vor. Testen Sie auch hier jeweils, wie oben beschrieben, Ihre Körperreaktion.

Bei einer schwachen Testung kommt die GOA-Methode zum Einsatz: Der zu verwendende Befürchtungs-Satz lautet in diesem Falle „Ich befürchte, dass ich aus einem Abstand von ... Meter oft am Loch vorbeiputte."

Emotionales Clearing von Stress-Situationen

1. Schritt: Nehmen Sie den Putter in die Hand oder stellen sich möglichst detailgetreu die Problemsituation beim Putten vor (im Kopfkino). Bevor Sie den Putter ergreifen, sollten Sie jedoch erst austesten, ob Ihnen die Situation auch wirklich Stress bereitet.
2. Schritt: Bestimmen Sie nun die Intensität eines eventuell auftauchenden negativen Gefühls und einer negativen Körperempfindung, die damit verbunden sein könnte (zum Beispiel Kribbeln im Bauch). Als Beurteilungsmaßstab denken Sie sich eine Skala von 0 bis 10 (0 bedeutet, dass Sie gar keine Empfindung wahrnehmen; bei 10 erleben Sie das negative Empfinden in der höchstmöglichen Intensität).
3. Schritt: Liegt eine psychische Umkehrung vor, so können Sie sie nach meiner Anleitung auf Seite 104 korrigieren. Sie können der Einfachheit halber aber auch sofort die folgende prophylaktische

Ein langer Putt auf abschüssigem Grün stellt immer wieder hohe Anforderungen an den Golfer. Die Furcht davor, dass der Ball sehr weit über das Loch hinausrollen könnte, führt häufig zu einem zögerlichen und zu kurz geratenen Puttversuch. Dieser Verlauf endet dann oft in einem Drei-Putt.

Regulierung vornehmen: Beklopfen Sie mit den vier Fingern Ihrer rechten Hand den Akupunkturpunkt Dünndarm 3 auf Ihrer linken Hand (Abb. 12, Seite 105). Sprechen Sie dazu jeweils dreimal die Akzeptanzformeln „Ich akzeptiere mich voll und ganz mit all meinen Problemen und Grenzen.“ und „Ich akzeptiere mich voll und ganz, obwohl ich Angst habe, beim Putten zu versagen.“
4. Schritt: Führen Sie jetzt die emotionale Löschung durch. Eine Löschungs-Sequenz beinhaltet 25 bis 30 Augenbewegungspaare (zum Beispiel auf den Bahnen von 11 nach 1 und wieder zurück), die Konzentration auf die belastende Situation (gedankliche und

visuelle Vorstellung) und den inneren Dialog mit dem typischen Befürchtungssatz, den Sie mehrfach wiederholen sollten.
5. Schritt: Schätzen Sie nun erneut die Stärke Ihres negativen Gefühls und der negativen Körperreaktion nach der Zahlenskala ein (2. Schritt) und machen Sie nochmals einen Muskeltest. Ist die Gefühlsintensität und die Körperreaktion noch nicht unter einen Wert von 2 abgesunken und/oder testet Ihr Arm immer noch schwach, wiederholen Sie die Löschungs-Sequenz so lange, bis Ihr Arm stark testet und die Intensität des negativen Gefühls bzw. der Körperreaktion auf weniger als 2 abgesunken ist.
6. Schritt: Wenn sich kein Erfolg einstellt, wiederholen Sie die Korrektur der psychischen Umkehrung (Schritt 3), ändern Sie die Richtung der Augenbewegungen und vollziehen Sie erneut die Schritte 4 und 5, bis die Verarbeitung abgeschlossen ist.
7. Schritt: Entnehmen Sie der unten stehenden Tabelle 6 mit den Glaubenssätzen zum Putten den Satz, der auf Sie und Ihre Problem-Situation zutrifft. Testen Sie dann, welche negativen Glaubenssätze Ihren Arm schwächen.

Die Glaubenssätze, die Sie dabei aufdecken, verweisen direkt auf die korrespondierenden positiven Glaubenssätze, die Sie nun ebenfalls austesten sollten.
8. Schritt: Die schwach getesteten positiven Glaubenssätze sollten Sie nun jeweils zehnmal laut aussprechen und gleichzeitig mit den vier Fingern der rechten Hand großflächig auf den Akupunkturpunkt Dünndarm 3 Ihrer linken Hand klopfen.

Während Sie sich die neuen Glaubenssätze einklopfen, bewegen Sie Ihre Augen dabei über die Bahnen 1 nach 7 und zurück.

In der Regel wird Ihr Arm nun sowohl bei den positiven als auch bei den negativen Glaubenssätze stark testen.
9. Schritt: Wiederholen Sie das Einklopfen der Glaubenssätze einmal täglich, und das über einen Zeitraum von 31 Tagen.

Tabelle 6: Negative und positive Glaubenssätze zum Putten

Negative Glaubenssätze	Positive Glaubenssätze
„Ich bin ein schlechter Putter."	„Ich kann exzellent putten."
„Im Turnier macht mir Putten Angst."	„Gerade im Turnier liebe ich die Herausforderung des Puttens."
„Das Putten stört beim Golfen."	„Putten ist ein wichtiger und interessanter Teil des Golfspiels." *oder* „Der Putt ist der wichtigste Schlag beim Golfen."
„Putten ist mir zuwider."	„Ich liebe das Putten."
„Wenn es wichtig ist, versage ich häufig bei kurzen Putts."	„Im Turnier bin ich besonders bei den kurzen Putts erfolgreich."
„Ich kann das Putten nur über mein Denken steuern."	„Ich kann und darf meinem Unterbewusstsein die Steuerung des Putts überlassen."

Mentale Desensibilisierung während des Turniers

Werden Sie während eines Turniers von Selbstzweifel an Ihrer Puttleistung heimgesucht oder haben Sie Angst, beim Putten zu versagen, können Sie auch hier einer negativen emotionalen Reaktion mit der GOA-Methode vorbeugen. Entweder führen Sie dann zwischen den einzelnen Schlägen oder in der Zeit nach dem letzten Annäherungsschlag zum Grün und Ihren Puttversuchen eine emotionale Desensibilisierung durch. Dabei gehen Sie wie folgt vor:

1. Schritt: Wiederholen Sie dreimal lautlos die Akzeptanzformel „Ich akzeptiere mich voll und ganz, obwohl ich dieses Problem habe". Das Problem sollten Sie hier natürlich genau auf die Situation bezogen benennen. Zum Beispiel könnte der Satz dann lauten: „Ich akzeptiere mich voll und ganz, obwohl ich Angst habe, beim Putten zu versagen." Wenn möglich, sollten Sie gleichzeitig den Akupunkturpunkt Dünndarm 3 beklopfen.
2. Schritt: Stellen Sie sich vor (gedanklich und visuell), dass Ihnen der bevorstehende Putt misslingt.
3. Schritt: Sprechen Sie mit Ihrer inneren Stimme mehrmals den passenden Befürchtungssatz. Dieser könnte etwa lauten:

- „Ich befürchte, dass ich gleich auf dem Grün versage."
- „Ich habe Angst, beim Putten zu versagen."
- „Ich befürchte, dass ich gleich schlecht putte."
- „Ich befürchte, dass ich diesen kurzen Putt vorbeischiebe."
- „Ich befürchte, dass der Putt zu kurz (zu lang) ausfällt."
- „Ich befürchte, dass ich drei Putts benötige."

4. Schritt: Gleichzeitig führen Sie dabei die schnellen Augenbewegungen durch in der von Ihnen bevorzugten Richtung.
5. Schritt: Wenn die Zeit und die Situation es zulassen, sollten Sie bei stark negativen Gefühlen mehrere Löschungs-Sequenzen hintereinander vornehmen.

6. Schritt: Wenn sich die Gelegenheit bietet, können Sie sich zusätzlich positive Glaubenssätze einklopfen (zehnmal leise). Hier sind einige Beispiele für helfende Glaubenssätze:

- „Ich bin ein guter Putter."
- „Ich liebe das Putten."
- „Beim Putten bin ich frei von Angst."
- „Ich darf meinem Unterbewusstsein die Steuerung des Putts überlassen."
- „Kurze Putts loche ich ein."

Emotionale Nachbearbeitung von schlechten Puttversuchen

Misslungene Puttversuche können das Selbstbewusstsein untergraben und den Druck bei späteren Putts erheblich verstärken. Deshalb empfiehlt es sich, schlechte Putts möglichst umgehend aus dem emotionalen Erinnerungssystem zu löschen. Hierfür visualisieren Sie die betreffende negative Puttsituation und bearbeiten das Bild mit schnellen Augenbewegungen für 30 bis 60 Sekunden. Dabei können Sie sich innerlich mehrfach den Satz „Ich befürchte, dass sich dieser schlechte Putt negativ auf die folgenden Puttversuche auswirkt" vorsprechen.

Vor dem folgenden Grün sollten Sie sich dann unbedingt mit der GOA-Methode mental und emotional auf die nächsten Putts vorbereiten, so wie ich es auf der vorigen Seite beschrieben habe.

Yips – die besondere Problematik

Die Auswirkung der Furcht auf die Qualität der Golfschläge zeigt sich im Auftreten eines Yips in seiner extremsten Form. Was die möglichen Ursachen eines Yips anbelangt, werden verschiedene

Theorien diskutiert. In jüngster Zeit wurde beispielsweise behauptet, beim Yips handele es sich um eine durch zuviel Training ausgelöste Überbeanspruchung der Muskulatur. Den Beweis für diese These sah man darin, dass von dieser Problematik übermäßig häufig die Playing-Pros befallen sind, die naturgemäß viel intensiver trainieren als die „Normalgolfer“.

Durch mein eigenes Erleben habe ich erfahren, dass dieser Erklärungsversuch nicht zutreffend sein kann, sondern dass Yips durch eine mentale Problematik entsteht. Wie ich oben schon erwähnt habe, war ich Augenzeuge, als mein Freund Sven während einer Golfrunde vom Yips befallen wurde. Sven spielt zwar regelmäßig Golf, er trainiert aber kaum. Eine muskuläre Überbelastung ist in seinem Fall daher völlig ausgeschlossen.

Plausibel ist für mich hingegen die „emotionale Erklärung“. Lassen Sie mich die Entstehungsgeschichte dieses Yips kurz erzählen, da sie genau in den oben geschilderten Komplex aus negativen Emotionen, Muskelreaktion und Verlust der Schlagqualität hineinpasst. Sven und ich wollten eine schnelle Runde spielen, weil er am selben Tag noch einen Termin wahrnehmen musste. Aus organisatorischen Gründen landeten wir jedoch mit einem Ehepaar in einem Vierer-Flight.

Wie Sven mir später sagte, löste allein schon diese Entwicklung bei ihm ein Gefühl der Hilflosigkeit aus. Dieses Gefühl verstärkte sich im Laufe der Runde dann immer mehr, denn der Ehemann lamentierte ständig über sein eigenes schlechtes Spiel. Er kommentierte fast alle seine Schläge, schimpfte mehrmals mit seiner Frau, warf seinen Schläger hin und redete gelegentlich während unserer Schlagvorbereitung.

Aus einer bestimmten Überlegung heraus wollten wir unseren Flight-Partner dennoch nicht auf die Etikette hinweisen. Mir bereitete das Verhalten dieses Ehemanns keinen Stress, denn ich empfand diese Situation vielmehr als eine willkommene Gelegenheit, die GOA-Methode zu erproben. Im Gegensatz dazu steigerte sich Sven leider immer mehr in sein Ohnmachtsgefühl hinein.

Dann auf dem 10. Grün warf der Ehemann wieder einmal den Putter. Da platzte Sven endgültig der Kragen – was sich nur nicht in Form einer emotionalen, verbalen Reaktion äußerte, sondern ihm den ersten Yips seines Lebens bescherte. Er wollte gerade aus kurzer Entfernung einlochen, als sein rechter Unterarm mehrmals zuckte und er den Ball dadurch schlecht traf, sodass dieser das Loch weit verfehlte. Solche Schlagabläufe wiederholten sich dann bei allen Putts auf den folgenden Grüns. Sven hatte die Kontrolle über seinen rechten Unterarm verloren.

So frustrierend dieses Erlebnis für meinen Freund auch war, so interessant war es für mich, diesen Yips life mitzuerleben. Hinzu kam, dass Sven mich nach dem Spiel fragte, ob die GOA-Methode ihm nun helfen könnte.

Bei der ersten Sitzung der Balancierung stellte sich heraus, dass er dieses Gefühl der Hilflosigkeit in seinem Leben schon häufig erlebt hatte. Sven hatte unter einem sehr strengen Vater gelitten, er musste häufig seine Wünsche, Gedanken und Gefühle unterdrücken. Diese Emotionsunterdrückung gehörte auch als Erwachsener zu seinem „erlernten" Verhalten und fand seine letzte Fortsetzung in dem geschilderten Golferlebnis. Offensichtlich war nun ein Punkt erreicht, an dem sich das so genannte „Schwellenproblem" bemerkbar machte.

Wenn man sich das emotionale Gedächtnissystem von Sven als ein Fass vorstellt, war das oben geschilderte Golferlebnis und das hier von ihm wieder praktizierte Ritual der Emotionsunterdrückung der berühmte Tropfen, der das Fass zum Überlaufen brachte. Sven hatte seinen Ärger einmal zuviel heruntergeschluckt und wurde von seinem Körper durch den Yips darauf hingewiesen.

Für mich war es deshalb folgerichtig, ihn eine Liste über ähnliche Ereignisse erstellen zu lassen, über Ereignisse, bei denen er nach dem erlernten Muster seinen Ärger oder andere negative Gefühle heruntergeschluckt hatte.

Wir bearbeiteten dann gemeinsam alle aufgelisteten Erlebnisse mit der GOA-Methode, angefangen bei dem akuten Ereignis und von da ab chronologisch in der Zeit zurückgehend. Wir verfolgten das Ziel, die aufgelisteten Episoden emotional so zu verarbeiten und abzuspeichern, dass sie in Svens Erinnerung keine Stressreaktion mehr hervorriefen. Mit dem Muskeltest habe ich das jeweils überprüft. Ähnlich wie man eine Zwiebel schält, lösten wir so Ereignis für Ereignis aus dem Furchtstruktur-Netzwerk heraus, bis der Yips quasi wie mit einem Klick plötzlich verschwunden war. Das Fass war wieder aufnahmefähig.

Wie ein Meilenstein war für mich bei dieser Balancierung die Erkenntnis, dass Sven nicht mehr testbar war, sobald er seinen Putter in die Hand nahm. Sein Arm blieb beim Muskeltest stark, obwohl der Putter ihm einen hohen emotionalen Stress bereitete. Wegen dieser Blockade erhielten wir eine Zeitlang immer falsche positive Ergebnisse. Erst als wir die Blockade entdeckt und aufgelöst hatten, erzielten wir schnelle Fortschritte.

In der Vergangenheit ist über Yips reichlich spekuliert worden. Vor einiger Zeit wurde auch berichtet, dass eine Mayo-Klinik in den USA sich dieses Themas annehmen und nach Erklärungen forschen werde. Ich hoffe jedenfalls, dass ich mit meinen Erlebnissen dazu beitragen kann, das Rätsel des Yips und seiner Entstehung zu lösen. Für mich steht fest: Der Unterarm eines Golfers ist der Seismograph seiner Emotionen. Das unkontrollierte Zucken des Unterarms beim Yips weist auf ein Zuviel an unterdrückten Gefühlen hin. Ein Yips ist also ein Hilferuf der Seele.

Schlusswort

Wenn Sie die in diesem Buch geschilderten Möglichkeiten zur Verbesserung der emotionalen mentalen Fitness aufgreifen und regelmäßig nutzen, werden Sie erleben, wie sich Score und Handicap schlagartig verbessern.

Voraussetzung dafür ist, dass Sie Ihre Angst oder Nervosität zulassen und sie sich auch eingestehen. Der repressive Verarbeitungsstil ist in unserer Gesellschaft zwar ein gewolltes und eingeübtes Verhalten, aber wie der Gehirnforscher Gerald Hüther ausführt, hat die Natur dem Menschen die Stressreaktion gegeben, damit er sich ändern kann (Hüther, S. 113).

Krank werden wir, so meint er weiter, wenn wir Ängste unterdrücken und unfähig sind, nach neuen Wegen zu suchen. Am Beispiel des Yips habe ich versucht aufzuzeigen, wie unterdrückte Gefühle zu massiven Problemen führen und wie die GOA-Methode dabei schnell helfen kann.

Wenn Sie erst positive Erfahrungen mit der GOA-Methode gesammelt haben, sind Sie vielleicht sogar neugierig geworden, ihre Wirkung außerhalb des Golfplatzes auszuprobieren. Das ist kein Problem: Die Mentaltechniken lassen sich ohne Weiteres auch für die Bewältigung der emotionalen Belastungen des Alltags einsetzen. Dies gilt sowohl für herausragende negative Erlebnisse als auch für den alltäglichen, normalen Ärger. Besonders wenn Sie zum Grübeln neigen und über unangenehme Ereignisse wie zum Beispiel Beleidigungen oder Kritik tagelang nachdenken und dadurch immer wieder in einen belastenden emotionalen Gefühlszustand geraten, kann Ihnen die GOA-Methode für die Erhaltung Ihrer Gesundheit und Ihres Seelenfriedens wertvolle Hilfe bieten.

Für manche Leser mag ich vielleicht etwas zu ausführlich auf die wissenschaftlichen Aspekte der Methode eingegangen sein. Ich fand dies aber aus zwei Gründen erforderlich. Einmal – und hier folge ich der Argumentation des renommierten Gehirnforschers Antonio Damasio – können die Erkenntnisse der Neurobiologie Einblicke in die Ursachen emotional-mentaler Konflikte eröffnen und so zum vertieften Verständnis über das innere Funktionieren des Menschen beitragen.

In anderen Worten bedeutet dies, dass das Wissen um die Ursache und Entstehung der emotional-mentalen golferischen Probleme hilft, aus dem resignativen Demutsdenken herauszukommen. Außerdem wird es dadurch möglich, die GOA-Methode gezielter einzusetzen.

Zum Zweiten ist meine Ausführlichkeit mit dem Wunsch begründet, Ihnen mit den wissenschaftlichen Erläuterungen ein gewisses Maß an Sicherheit zu geben, Sicherheit darüber, dass die Behebung der Stressprobleme durch einfache Augenbewegungen nicht auf Ablenkung oder Placebo-Effekten beruht, sondern dass sie durch die wirkungsvolle Beeinflussung der Gehirn-Biochemie hervorgerufen wird.

Die GOA-Methode ist so hoch wirksam, weil sie die in Millionen von Jahren evolutionär entwickelte Methode zur Verarbeitung von Gefühlen – nämlich die unwillkürlichen schnellen Augenbewegungen im REM-Schlaf – aufgreift und modifiziert. Diese Emotionsverarbeitung wird hier eben nicht den Zufälligkeiten des Traumes überlassen, sondern sie erfolgt bewusst und zielgerichtet.

Im Gegensatz zu anderen Ansätzen bringt die GOA-Methode auch den Vorteil mit sich, dass mit ihr nicht nur vergangene Ereignisse bearbeitet werden können, sondern dass damit auch zukünftige Anforderungen bei entsprechender Vorbereitung entstresst werden können. Dadurch wird es Ihnen möglich, auch bei den größten und wichtigsten Herausforderungen Ihr gesamtes Leistungspotential auszuschöpfen.

Insofern stellt die GOA-Methode meiner Meinung nach einen Quantensprung für den Umgang mit Stress und Ängsten dar. Sie ermöglicht Ihnen, eine hohe emotionale Kompetenz zu erlangen und zum „Busfahrer Ihres Gehirns“ zu werden (Bandler).

Mit der GOA-Methode scheint auch ein Ziel erreicht, das bei LeDoux noch Vision war. Er führt in *Das Netz der Gefühle* aus, dass die Amygdala heute noch einen größeren Einfluss auf den Kortex ausübt als umgekehrt und die emotionale Erregung dadurch das Denken dominieren und kontrollieren kann. LeDoux deutete aber als Möglichkeit an, der Kortex könne im Laufe der Evolution mehr und mehr Kontrolle über die Amygdala gewinnen, wodurch die Menschen künftig eher imstande sein werden, ihre Emotionen zu beherrschen (LeDoux, S. 325). Doch dies sagt er nicht, um die Dominanz des Kortex aus grundsätzlichen Erwägungen heraus zu befürworten, sondern „im Sinne einer harmonischen Integration von Vernunft und Leidenschaft“.

Mit der GOA-Methode verfügen Sie nun über ein Hilfsmittel, mit dem Sie Ihre Leistungsfähigkeit auf dem Golfplatz und auch im normalen Alltag tiefgreifend verändern können. Mit ihr können Sie sich aktiv den mentalen Herausforderungen des Golfens stellen und das Spiel in vollen Zügen genießen. Ich wünsche mir, dass es Ihnen dabei dann so geht wie meiner Frau, die, seitdem sie die GOA-Methode anwendet, häufig sagt: „Golf macht glücklich“.

Abschließend sei noch der Hinweis erlaubt, dass die GOA-Methode selbstverständlich auch auf andere Sportarten übertragen werden kann, ohne dabei an Wirksamkeit zu verlieren. Dazu müssen lediglich die Befürchtungs- und Glaubenssätze an die jeweilige Sportart angepasst werden.

Anhang
Kurzanleitungen

Mentale Vorbereitung eines Golfturniers

1. Schritt: Denken Sie an die Problem-Situation, die Sie von einer emotionalen Belastung befreien wollen, und stellen Sie sich diese möglichst detailliert vor Ihrem geistigen Auge vor.

2. Schritt: Bestimmen Sie nun die Intensität eines eventuell auftretenden negativen Gefühls und einer womöglich dazukommenden negativen Körperempfindung, etwa dem Kribbeln im Bauch. Um die Intensität einzustufen, nehmen Sie eine Skala mit den Werten von 0 bis 10 zu Hilfe. Wert 0 bedeutet, dass Sie gar keine negativen Gefühle mit der Problem-Situation in Verbindung bringen; Wert 10 beziffert hingegen die höchstmögliche Intensität des negativen Affektes.

Genauso verfahren Sie mit der Beurteilung Ihrer negativen Körperempfindung.

3. Schritt: Prüfen Sie mit dem Muskeltest nach, ob die Problem-Situation Ihren Arm schwächt. Ein schwacher Arm und/oder ein negatives Gefühl bzw. negative Körperreaktionen sind die Indikatoren, an denen Sie den Erfolg überprüfen können.

4. Schritt: Eine etwaige psychische Umkehrung können Sie korrigieren, wie ich es auf Seite 104 beschrieben habe, oder Sie können zur Vereinfachung sofort folgende prophylaktische Regulierung vornehmen:

Beklopfen Sie mit den vier Fingern Ihrer rechten Hand den Punkt Dünndarm 3 Ihrer linken Hand (siehe Abb. 12 auf Seite 105) und sprechen dazu jeweils dreimal die Akzeptanzformeln:

- „Ich akzeptiere mich voll und ganz mit all meinen Problemen und Grenzen.“ und
- „Ich akzeptiere mich voll und ganz, obwohl ich dieses … Problem (zum Beispiel Angst beim ersten Abschlag) habe.“

5. Schritt: Nehmen Sie jetzt die emotionale Löschung vor. Eine Löschungs-Sequenz beinhaltet:

- 25 bis 30 Augenbewegungspaare (zum Beispiel auf der Bahn 11 – 1 – 11, siehe Seite 106),
- sich auf die belastende Situation zu konzentrieren (gedankliche und visuelle Vorstellung) und
- einen inneren Dialog zu führen mit dem passenden Befürchtungssatz, der mehrfach wiederholt werden muss (siehe Tabelle 2 ab Seite 113).

6. Schritt: Schätzen Sie nun das negative Gefühl und die negative Körperreaktion ein (Schritt 2) und führen Sie nochmals einen Muskeltest durch (Schritt 3). Ist der Wert von Gefühlsintensität und Körperreaktion noch nicht unter 2 abgesunken und/oder testet Ihr Arm immer noch schwach, so wiederholen Sie die Löschungs-Sequenz so lange, bis Ihr Arm stark testet und die Intensität entsprechend weit gesunken ist.

7. Schritt: Wenn sich kein Erfolg einstellt, erneuern Sie die Korrektur der psychischen Umkehrung (Schritt 4) und ändern Sie die Richtung der Augenbewegungen. Wiederholen Sie die oben genannten Schritte 5 und 6 so lange, bis eine Veränderung eingetreten ist.

8. Schritt: Entnehmen Sie der Tabelle 3 ab Seite 131 nun die situativ für Sie passenden Glaubenssätze. Testen Sie, welche negativen

Glaubenssätze Ihren Arm schwächen, und testen Sie die korrespondierenden positiven Sätze gleich danach auf ihre Wirkung.

9. Schritt: Die schwach getesteten positiven Glaubenssätze sollten Sie nun jeweils zehnmal laut aussprechen und gleichzeitig mit den vier Fingern der rechten Hand großflächig auf den Akupunkturpunkt Dünndarm 3 Ihrer linken Hand klopfen.

Während Sie sich die neuen Glaubenssätze einklopfen, bewegen Sie Ihre Augen dabei über die Bahnen 1 nach 7 und zurück. In der Regel wird Ihr Arm nun sowohl auf die positiven als auch auf die negativen Glaubenssätze stark testen.

10. Schritt: Wiederholen Sie das Einklopfen der Glaubenssätze einmal täglich für 31 Tage.

Hinweis zum Muskeltest

Für die *emotionale Bewältigungsarbeit* ist der Muskeltest nicht zwingend erforderlich. Auch ohne Muskeltest können Sie feststellen, ob die Verarbeitung abgeschlossen ist. Dies ist in aller Regel nämlich dann der Fall, wenn das negative Gefühl und die negativen Körperempfindungen verschwunden sind.

Meistens verblasst dann auch das Bild der Problemsituation, und es fällt Ihnen schwer, den Befürchtungssatz zu wiederholen. Auch schweifen die Gedanken nun häufig ab.

Anders sieht es bei den *Glaubenssätzen* aus, denn zum Austesten der zutreffenden Glaubenssätze benötigen Sie den Muskeltest. Wenn Sie hier nicht auf ihn zurückgreifen können, bleibt Ihnen aber das prophylaktische Einklopfen der positiven Glaubenssätze. Dazu suchen Sie sich in Tabelle 3 ab Seite 131 Ihre Wunsch-Glaubenssätze für die Problemsituation aus und gehen dann so vor, wie in Schritt 9 und 10 beschrieben, unter Verzicht auf den Muskeltest.

Emotionales Clearing während eines Turniers

Vor einem wichtigen, schwierigen Schlag

1. Schritt: Wiederholen Sie dreimal lautlos die Akzeptanzformel „Ich akzeptiere mich voll und ganz, obwohl ich dieses Problem habe (zum Beispiel Angst habe, den Ball nach links zu verziehen). Wenn möglich, dabei gleichzeitig den Akupunkturpunkt Dünndarm 3 beklopfen.

2. Schritt: Stellen Sie sich vor (gedanklich und möglichst auch im Kopfkino), dass Ihnen der bevorstehende Schlag misslingt.

3. Schritt: Sprechen Sie mit Ihrer inneren Stimme mehrmals den passenden Befürchtungssatz, zum Beispiel „Ich befürchte, dass ich den Schlag ins linke Aus verziehe."

4. Schritt: Gleichzeitig führen Sie dabei schnelle Augenbewegungen durch in der von Ihnen bevorzugten Richtung.

5. Schritt: Wenn die Zeit und die Situation es zulassen, tätigen Sie bei stark negativen Gefühlen mehrere Sequenzen.

Nach einem schlechten Turnierverlauf

1. Schritt: Denken Sie an das vergeigte Turnier und stellen Sie sich die darin enthaltenen Problem-Situationen möglichst detailgetreu in Ihrem Kopfkino vor.

2. Schritt: Bestimmen Sie nun die Intensität eines eventuell auftretenden negativen Gefühls und einer womöglich dazukommenden negativen Körperempfindung.. Um die Intensität einzustufen, nehmen Sie eine Skala mit den Werten von 0 bis 10 zu Hilfe. Wert 0 bedeutet, dass Sie gar keine negativen Gefühle mit der Problem-Situation in Verbindung bringen; Wert 10 beziffert hingegen die höchstmögliche Intensität des negativen Affektes.

Genauso verfahren Sie bei der Beurteilung Ihrer negativen Körperempfindungen.

3. Schritt: Prüfen Sie mit dem Muskeltest nach, ob die Problemsituation Ihren Arm schwächt. Ein schwacher Arm und/oder ein negatives Gefühl bzw. negative Körperreaktionen sind die Indikatoren, an denen Sie den Erfolg der emotionalen Verarbeitung überprüfen können.

4. Schritt: Eine etwaige psychische Umkehrung können Sie korrigieren, wie ich es auf Seite 104 beschrieben habe. In vereinfachter Form können Sie sie auch folgendermaßen vorbeugen:
- Beklopfen Sie mit den vier Fingern Ihrer rechten Hand den Punkt Dünndarm 3 Ihrer linken Hand (siehe Abb. 12) und
- sprechen dazu jeweils dreimal die beiden Akzeptanzformeln „Ich akzeptiere mich voll und ganz mit all meinen Problemen und Grenzen.“ und „Ich akzeptiere mich voll und ganz, obwohl ich das letzte Turnier vermasselt habe.“

5. Schritt: Nehmen Sie jetzt die emotionale Löschung vor. Eine Löschungs-Sequenz beinhaltet:

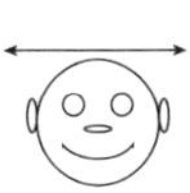

- 25 bis 30 Augenbewegungspaare (zum Beispiel auf der Bahn 11 – 1 – 11),
- sich auf das Turnier zu konzentrieren (gedankliche und visuelle Vorstellung).

  Erinnern Sie sich insbesondere auch an Ihre Enttäuschung, an die besonders misslungenen Aktionen, an Kritik, die in den Medien an Ihnen geübt wurde, an die enttäuschten Reaktionen der Zuschauer, Trainer usw.

– Wiederholen Sie mehrmals einen inneren Dialog nach dem Muster „Ich habe völlig versagt. Ich befürchte, dass ich auch in Zukunft schlecht spielen werde.“

6. Schritt: Schätzen Sie nun das negative Gefühl und die negative Körperreaktion ein (Schritt 2) und führen Sie erneut einen Muskeltest durch (Schritt 3). Ist der Wert von Gefühlsintensität und Körperreaktion noch nicht unter 2 abgesunken und/oder testet Ihr Arm immer noch schwach, so wiederholen Sie die Löschungs-Sequenz so lange, bis Ihr Arm stark testet und die Intensität entsprechend weit gesunken ist.

7. Schritt: Wenn sich kein Erfolg einstellt, erneuern Sie die Korrektur der psychischen Umkehrung (Schritt 4) und ändern Sie die Richtung der Augenbewegungen. Wiederholen Sie die oben genannten Schritte 5 und 6 so lange, bis eine Veränderung eingetreten ist.

8. Schritt: Entnehmen Sie der Tabelle 3 ab Seite 131 nun die für Sie passenden Glaubenssätze. Testen Sie, welche negativen Glaubenssätze Ihren Arm schwächen, und testen Sie die korrespondierenden positiven Sätze gleich danach auf ihre Wirkung.

9. Schritt: Die schwach getesteten positiven Glaubenssätze sollten Sie nun jeweils zehnmal laut aussprechen und gleichzeitig mit den vier Fingern der rechten Hand großflächig auf den Punkt Dünndarm 3 Ihrer linken Hand klopfen.

Während Sie sich die neuen Glaubenssätze einklopfen, bewegen Sie Ihre Augen dabei über die Bahnen 1 nach 7 und zurück. In der Regel wird Ihr Arm nun sowohl auf die positiven als auch auf die negativen Glaubenssätze stark testen.

10. Schritt: Wiederholen Sie das Einklopfen der Glaubenssätze einmal täglich für 31 Tage.

Literaturangaben

Adams, Mike, u. Tomasi, T. J.: *Besser Golf spielen*. Königswinter: Heel, 1997.

Bandler, Richard, u. Grinder, John: *Neue Wege der Kurzzeit-Therapie. Neurolinguistische Programme*. Paderborn: Junfermann, 1997.

Bandler, Richard, u. Grinder, John: *Veränderung des subjektiven Erlebens. Fortgeschrittene Methoden des NLP*. Paderborn: Junfermann, 1987.

Banis, Reimar: *Psychosomatische Energetik: Diagnostik der Chakren und Energie-Ebenen und ihre biologische Therapie*. Sulzbach im Taunus: CO'MED Verlagsgesellschaft, 1998.

Callahan, Roger: *Der unwiderstehliche Drang. Süchte – und was Sie dagegen tun können*. Kirchzarten bei Freiburg: VAK, 2001.

Callahan, Roger, u. Callahan, Joanne: *Den Spuk beenden. Klopfakupressur bei posttraumatischem Stress*. Kirchzarten bei Freiburg: VAK, 2001.

Carter, Rita: *Atlas Gehirn. Entdeckungsreisen durch unser Unterbewußtsein*. München: Schneekluth, 1999.

Ciompi, Luc: *Die emotionalen Grundlagen des Denkens. Entwurf einer fraktalen Affektlogik*. Göttingen: Vandenhoeck & Ruprecht, 1997.

Damasio, Antonio R.: *Descartes' Irrtum. Fühlen, Denken und das menschliche Gehirn*. München: List, 1995.

Dement, William C., u. Vaughan, Christopher: *Der Schlaf und unsere Gesundheit*. München: Limes, 2000.

Diamond, John: *Der Körper lügt nicht*. Kirchzarten bei Freiburg: VAK, 2001.

Dilts, Robert B.: *Die Veränderung von Glaubenssystemen. NLP-Glaubensarbeit*. Paderborn: Junfermann, 1993.

Dilts, Robert B.: *Identität, Glaubenssysteme und Gesundheit. Höhere Ebenen der NLP-Veränderungsarbeit*. Paderborn: Junfermann, 1991.

Gallo, Fred P.: *Energetische Psychologie*. Kirchzarten bei Freiburg: VAK, 2000.

Golemann, Daniel: *Emotionale Intelligenz*. München: Hanser, 1996.

G.O.L.F.-Time 5/2001, München: G.O.L.F. Time Verlag, 2001.

Golf-Magazin 9/1998. Hamburg: Jahr 1998.

Grochowiak, Klaus: *Das NLP-Master-Handbuch. Erlernen Sie NLP auf Master-Niveau*. Paderborn: Junfermann, 1999.

Grochowiak, Klaus, u. Haag, Susanne: *Seth und NLP*. München: Goldmann, 1998.

Häusel, Hans-Georg: *Think Limbic. Die Macht des Unbewußten verstehen und nutzen für Motivation, Marketing und Management*. Freiburg: Haufe, 2000.

Hobson, J. Allan: *Schlaf. Gehirnaktivität im Ruhezustand*. Heidelberg: Spektrum der Wissenschaft Verlagsgesellschaft, 1990.

Hüpper, Gerhard: *Handbuch des Golfspiels. Theorie – Praxis – Psychologie*. Königswinter: Heel, 1994.

Hüther, Gerald: *Biologie der Angst. Wie aus Streß Gefühle werden*. Göttingen: Vandenhoeck & Ruprecht, 1997.

Kandel, Eric R.; Schwartz, James K.; Jessell, Thomas M.: *Neurowissenschaften. Eine Einführung*. Heidelberg: Spektrum Akademischer Verlag, 1996.

Klinghardt, Dietrich: *Lehrbuch der Psycho-Kinesiologie. Ein neuer Weg in die psychosomatische Medizin*. Freiburg: Hermann Bauer, 2001.

Krebs, Charles T., u. Brown, Jenny: *Lernsprünge. Eine bahnbrechende Methode zur Integration des Gehirns*. Kirchzarten bei Freiburg: VAK, 1998.

LeDoux, Joseph: *Das Netz der Gefühle. Wie Emotionen entstehen*. München: Hanser, 1998.

Moyers, Bill: *Die Kunst des Heilens. Vom Einfluß der Psyche auf die Gesundheit*. München: Artemis und Winkler, 1994.

Pennebaker, James W., et al.: "Levels of thinking", in: *Personality and Social Psychology Bulletin*, 1990.

Pinel, John P. J.: *Biopsychologie. Eine Einführung*. Heidelberg: Spektrum Akademischer Verlag, 2001.

Pöppel, Ernst (Hrsg.): *Gehirn und Bewußtsein*. Weinheim: Wiley/VCH, 1989.

Rauland, Marco: *Chemie der Gefühle*. Stuttgart: Hirzel, 2001.

Rotella, Bob: *Golf ist Selbstvertrauen. Besseres Handicap durch mentale Stärke*. München: BLV Verlagsgesellschaft, 1997.

Shapiro, Francine, u. Silk Forrest, Margot: *EMDR in Aktion. Die neue Kurzzeit-Therapie in der Praxis*. Paderborn: Junfermann, 1998.

Snead, Sam: *Mein Leben für Golf. Gedanken, Erinnerungen und Geheimnisse einer Golf-Legende*. Hamburg: Jahr-Verlag, 1999.

Stöger, Gabriele, u. Reiter, Wilfried: *Alte Wunden heilen*. Zürich: Orell Füssli, 2001.

Topping, Wayne W.: *Stress Release*. Kirchzarten bei Freiburg: VAK, 1997.

Traue, Harald C.: *Emotion und Gesundheit. Die psychobiologische Regulation durch Hemmungen*. Heidelberg: Spektrum Akademischer Verlag, 1998.

Updike, John: *Golfträume*. Reinbek bei Hamburg: Rowohlt, 1999.

Danksagung

Dieses Buch widme ich meiner Frau Gila und meiner Tochter Julie.

Ich danke meiner lieben Frau für die bedingungslose Unterstützung, die vielen Anregungen und wertvollen Gespräche und für ihre unermüdliche Arbeit am Manuskript.

Mein besonderer Dank gilt den PGA-Pros Hendrik und Hubertus Vollrath vom Land-Golf-Club Schloss Moyland für die kompetente Beratung und für die Hilfe bei Erstellung der Fotos.

Stichwortverzeichnis

Über den Autor

Manfred Hauser ist Mentaltrainer und gibt seit vielen Jahren Firmenseminare über Stressprophylaxe, Kommunikationstechniken, Fragen des Verkaufstrainings und Persönlichkeitsentwicklung. Er hat mehrere Ausbildungen über Mentaltechniken absolviert, darunter die zum NLP-Practitioner bei der *European Academy for NLP and more* in Düsseldorf.

Den hohen Stellenwert mentaler Techniken für sportliche Erfolge hat er schon als junger Leichtathlet erkannt. Insbesondere im Weitsprung hat er auch auf nationaler Ebene Erfolge vorzuweisen. Herausragende Ergebnisse erzielte er später ebenfalls im Tennis. Vor einigen Jahren haben Manfred Hauser und seine Frau ihr Herz für den Golfsport entdeckt. Beim Golfen werde die mentale Problematik des Sports besonders deutlich, sagt er aus eigener Erfahrung. Er lebt in Kleve.

Roger J. Callahan:

Der unwiderstehliche Drang

Süchte – und was Sie dagegen tun können

Immer mehr Menschen leiden heute unter Suchterscheinungen. Callahan zeigt, wie man seine aus *Leben ohne Phobie* bekannte Methode auf die Suchtproblematik anwenden kann. Mit Unterstützung von Visualisierungs- und Entspannungsübungen kann der Suchtdrang ausgeschaltet und ein Rückfall ins Suchtverhalten vermieden werden.

115 Seiten, 5 Abbildungen, Paperback (13 x 20,5 cm)
ISBN 3-924077-29-0

Roger J. Callahan:

Leben ohne Phobie

Wie Sie in wenigen Minuten angstfrei werden

Ängste beherrschen das Leben vieler Menschen. Callahan zeigt, wie man sich von Phobien befreien kann, augenblicklich, schmerzlos und auf natürliche Weise: mit den Muskeltests der Angewandten Kinesiologie und mit einer von ihm selbst entwickelten Klopftechnik, die auf bestimmte Akupunkturpunkte angewendet wird. Ein Buch für Therapeuten und für alle, die sich selbst helfen wollen.

209 Seiten, 37 Abbildungen, Paperback (13 x 20,5 cm)
ISBN 3-924077-07-X

Fred P. Gallo:

Energetische Psychologie

Dieses Buch handelt von einer neuen, faszinierenden Perspektive in Psychologie und Psychotherapie: Unter der Bezeichnung Energy Psychology hat sich in den USA ein Zweig der Psychologie etabliert, der sich mit der Wirkung von Energiesystemen auf Emotionen und Verhalten befasst. Energie ist dabei zu verstehen im Sinne der Akupunktur. Psychische Probleme werden als Energieunterbrechungen oder Energiestörungen verstanden. Der Autor schildert psychotherapeutische Anwendungen von Test- und Balancetechniken, die in ähnlicher Weise in der Angewandten Kinesiologie eingesetzt werden, und gibt detaillierte Hinweise zur Behandlung psychischer Probleme.

325 Seiten, 33 Abbildungen, Hardcover (15 x 21 cm)
ISBN 3-932098-75-7